Elisabeth Müller-Luckmann

Lügen haben viele Beine

Elisabeth Müller-Luckmann

Lügen haben viele Beine

Der schmale Grat zwischen Wahrheit und Lüge

Kabel

ISBN 3-8225-0460-2

Gesetzt aus der Stempel Garamond
Satz: KCS GmbH, Buchholz/Hamburg
Druck und Bindung: Clausen & Bosse, Leck
Printed in Germany

Inhalt

Für F. v. T.,
der so selten lügt, daß man
ihn schon deshalb lieben muß

Wahrheit gibt es doch – so denken wir, als ob es selbstverständlich sei. Wir hören und behaupten Wahrheiten über die Dinge, Ereignisse, Wirklichkeiten, die uns fraglos sind. Wir haben vielleicht gar das Vertrauen, die Wahrheit werde in der Welt siegen. Aber wir stutzen. Von einer verläßlichen Gegenwart der Wahrheit ist wenig zu bemerken.

Karl Jaspers

Das kleine Mädchen (6 Jahre alt) kam aufgeregt zur Mutter: »Der Weihnachtsmann war da!« teilte sie mit. »So?« Die Mutter blieb natürlich gelassen. Ja, die Schlafzimmertür hatte geknarrt, ein Schatten hatte sich hindurchgezwängt. Und dann hatte auch noch die Schranktür ein Geräusch von sich gegeben.

Die Mutter nahm das Kind bei der Hand und zeigte auf den verschlossenen Schrank. »Es ist richtig, da kommen die Weihnachtsgeschenke rein – bis zur Bescherung. Und die warten wir mal in Ruhe ab.« Das Kind gab sich zufrieden. Hatte es die Wahrheit erfahren? Nein, aber es hatte eine gescheite Mutter. Ehe wir sagen, warum wir das meinen, stellen wir eine zweite Sechsjährige vor.

Die Mutter registriert mit Besorgnis, daß das Kind verstört aus dem Schlaf hochschreckt, aber nicht sagt, wovor es sich fürchtet, jedoch darauf besteht, daß das Licht brennen bleibt.

Tage später sitzt die Familie vor dem Fernsehapparat. Das schon Tage vorher immer wieder eingeblendete Fahndungsfoto eines aus dem Gefängnis ausgebrochenen Raubmörders beschreibt ihn mit der Meldung, man habe ihn gefaßt. Das Kind seufzt abgrundtief erleichtert auf. Die Mutter fragt nach. Das Kind: »Ich bin ja soo froh, daß der wieder drin ist!« Es stellt sich heraus: Das nächtliche Aufschrecken war die Folge der Angst des Kindes. »Der steht plötzlich vor der Tür, bricht sie auf und bringt uns alle um. Denn ich habe ihn auf der Straße gesehen: er mich nicht, aber ich ihn.« (Tatsächlich war der entwichene Mörder in einer anderen Stadt.)

Beide Kinder sind in einem Lebensabschnitt, in dem man

zur Realität noch keine sichere Beziehung hat. Das Kind lebt noch in einer Welt, in der Vorstellungen und Wahrnehmungen nicht klar voneinander getrennt sind. Es gibt eine Grauzone, in der man seine Wahrnehmungen mit subjektiven Vorstellungen so anreichert und vermischt, daß man zwischen Realität und Einbildung nicht zureichend trennen kann. Realitätsbewußtsein muß man lernen. Beide sind zugleich aber auch Kinder ihrer Zeit und deren mehr oder weniger charakteristischen Einflüssen ausgesetzt.

Kind Nr. 1 hatte sein Erlebnis in den zwanziger, Kind Nr. 2 dagegen in den neunziger Jahren. Nun war die damalige Welt keineswegs eine heile, wie man so gern in nostalgischer Manier interpretieren möchte. Sie war auf ihre Art so geschädigt und vom Ideal des ›heilen Ganzen‹ so weit entfernt wie jeder andere Zeitabschnitt (wofür es überhaupt keine objektiven Maßstäbe gibt). Aber diese Welt war überschaubarer und ließ eher Platz für märchenhafte und nicht bittere realitätsnahe Phantasien.

Mutter (1) hatte es leichter, ihr Kind auf eine Realität vorzubereiten, die es über kurz oder lang als eine solche anerkennen würde: daß der Weihnachtsmann ein Mythos ist. Mutter (2) hat es in einer visualisierten Welt voller unverständlicher und schwer einzuordnender Reizangebote nicht eben leicht, ihrem Kind deutlich zu machen, wie mögliche Gefahren einzuschätzen sind.

Wir nannten sie gescheit, weil es in der Tat angemessen ist, diese und ähnliche Erkenntnisse allmählich, nicht schockartig, Platz greifen zu lassen und mit kindgerechten aufklärenden Gesprächen angstreduzierend zu wirken.

Beide aber können nicht verhindern, daß der Abschied von den eigenen Phantasievorstellungen und die Begegnung mit dem Tatsächlichen nicht immer auf Anhieb gelingt und von welchen Emotionen begleitet solche Erlebnisse gespeichert werden. Bezugspersonen können nur behutsame Übergänge gestalten, um ihres erzieherischen Einflusses nicht verlustig zu gehen. Das gerät inzwischen zu einem Zentralproblem im Zeitalter von Internet und Cyberspace, in dem die uns umgebende Wirklichkeit – philosophische Aspekte, was denn das eigentlich sei, klammern wir hier aus – sich immer schneller und drastischer verändert.

Aber dies soll ja kein pädagogischer Ratgeber sein im Sinne von: Wie führe ich mein Kind in die Welt der vielfältigen Realitäten ein, sondern eine Betrachtung: Warum kann die Wahrheit nicht immer den Sieg davontragen? Warum ist es so schwer, das Ideal der Wahrhaftigkeit zu verwirklichen? Wie und warum lügen Menschen, immer wieder und mehr oder weniger erfolgreich? Dazu gehört vorab der kurze Hinweis, daß wir alle bei diesen Vorgängen Entwicklungsprozesse durchmachen, die unabwendbar sind, die auf die Tatsache unserer allmählichen menschlichen Reifung zurückzuführen sind, und daß es dabei ein Stadium gibt, in dem unsere Vorstellungen stärker sind als alles andere und daß man uns nicht dafür verantwortlich machen kann. Die sogenannte Kinderlüge oder auch nur die Verkennung der umgebenden Wirklichkeit ist unabwendbar, sie deutet auch nicht den Beginn einer ›Lügenkarriere‹, also einer Charakterschwäche an, sie gehört zur Entwicklung.

Die beiden Beispiele könnten natürlich unschwer durch ganz andere ersetzt werden – sie sind auch nicht streng vergleichbar. Sie sollten nur zeigen, daß jede Abweichung von der Realität in einem bestimmten Kontext gesehen werden muß, der immer auch eine ›in der Zeit‹ ist.

Was lernen wir über den Wert der Wahrheit?

Die achtjährige Anna war ein intelligentes und für ihr Alter bereits recht nachdenkliches Mädchen. Eine ältere Tante hatte das und auch den Wissensdurst des Mädchens und seine Bereitschaft, auf andere zuzugehen, erkannt. Sie schenkte dem Kind ein dickes, hübsch eingebundenes Buch mit lauter weißen Blättern. Wozu das Kind dieses Buch verwenden sollte, wurde nicht genau gesagt, aber die Tante schrieb auf die erste Seite eine Widmung:

»Vor allem eins, mein Kind, sei treu und wahr,
laß nie die Lüge deinen Mund entweihn.«

Das sah ihr Mann und schrieb dazu (was er für witzig hielt):

»Sage nicht alles, was du weißt,
aber wisse alles, was du sagst.«

Natürlich zettelte das Kind wegen dieses (auf den ersten Blick) Widerspruchs keine Diskussion an, dazu war es dann doch noch zu jung, aber eine gewisse Ungereimtheit fiel ihm rein gefühlsmäßig auf. Es dämmerte dem Kind bereits, daß es verschiedene Arten von Gelegenheiten für beide Maximen und auch verschiedene Arten von Bewertungen der Wahrheit geben könnte. Zunächst einmal versuchte es jedoch nur zu begreifen, was das hieß »deinen Mund entweihn«. Es ahnte: sauber bleiben, nichts Schmutziges denken noch sagen. Es kannte nämlich auch jenen Spruch, den wir alle kennen und von dem keiner weiß, woher er eigentlich stammt. »Wer einmal lügt, dem glaubt man nicht, und wenn er auch die Wahrheit spricht ...«

Das Kind hatte die Drohung begriffen, die darin liegt: Lügst du, dann hast du es auf alle Zeit verdorben mit deiner Umwelt, und du hast kaum Chancen zu einer Wiedergutmachung.

Das ist ein Punkt, an dem sich die ersten klar als solche (nicht diffus erlebten) artikulierbaren Schuldgefühle einstellen. Und auch unsere (nicht steuerbaren) Träume führen uns dann die Schwere unserer wirklichen und vermeintlichen Verfehlungen grell vor Augen.

Müßig, alle die möglichen kleinen oder großen Abweichungen vom rechten Wege, auf den man uns zu bringen sucht, aufzuzählen. Sie gehen je nach dem Erziehungsstil der Erwachsenen unter Umständen ins Grenzenlose. So formt die Interaktion mit Gegenständen, Personen, Wertvorstellungen usw. uns quasi wie einen Kiesel, den ein ständig tätiges, quirliges Wasser glatt schleift oder auch bei seinen Unebenheiten beläßt.

Und dies nicht nur in der Zeit unseres Hineinwachsens in die Gesellschaft, sondern ein Leben lang. Passive Rezeption wechselt mit Situationen, in denen wir vor die ganz bewußt erfolgen sollende Wahl gestellt werden: Entscheide dich für die Wahrheit und nichts als die Wahrheit. Und immer wieder verleugnen wir sie, entscheiden uns für das Unwahre oder hängen ihr doch ein Mäntelchen um, das ihr – zu Recht oder zu Unrecht – schmeichelt und sie weniger unbarmherzig erscheinen läßt. Denn die reine Wahrheit, nackt und bloß, ist oft alles andere als eine Schönheitskönigin.

Versuchen wir's doch mal mit der ›reinen‹ Wahrheit. Haben Sie schon mal versucht, einen ganzen Tag lang nur die Wahrheit zu sagen? Karin, eine Frau mittleren Alters, hat es ausprobiert. Folgen wir ihrem Tagesablauf und dessen Stolpersteinen.

Schonungslos

Morgens, 6 Uhr: Der Wecker zwitschert melodisch. Eigentlich hätte Karin ihn vorher abstellen können, denn sie lag schon eine ganze Weile wach und überdachte ihr Tagesprogramm. Irgendwelche Probleme dürfte der kommende Tag eigentlich nicht machen.

Als sie unter der Dusche stand, ging das Telefon. Bis zu einem Handy hatte sie es noch nicht gebracht. Sie legte sich ein Handtuch um und tapste auf nassen Sohlen in den Flur. Es war die Mutter, die um diese Zeit oft aus dem Seniorenheim anrief, um die schlaflose Nacht zu beschreiben. Im allgemeinen pflegte Karin geduldig zuzuhören, herunterzuspielen, zu trösten, zu versprechen, am Spätnachmittag vorbeizukommen. Heute, sie wußte im Augenblick selbst nicht warum, reagierte sie anders. Sie rückte, nicht ohne einen gewissen Genuß dabei zu verspüren, mit der Wahrheit heraus: »Mutter! Erstens: du weißt, daß ich es morgens eilig habe. Warum störst du mich ausgerechnet immer um diese Zeit? Ich glaube, du bist eifersüchtig auf ein ausgefülltes Leben. Zweitens: Ich komme heute abend nicht vorbei. Ich war erst vorgestern da, und heute habe ich was anderes vor. Ich bitte dich inständig, denk mal über deinen Egoismus nach. Tschüs, ich komme sonst zu spät.« Sie knallte den Hörer auf die Gabel.

Karin erschrak über sich selbst. Was war in sie gefahren?

Immerhin: heute hatte sie aus ihrem Herzen bestimmt keine Mördergrube gemacht. Irgendwie fühlte sie sich befreit, frisch und tatendurstig, als sie auf dem Firmenparkplatz aus ihrem kleinen ›Japaner‹ ausstieg. Neben ihr verließ gerade der Werksarzt seinen BMW. Er lächelte strahlend: »Na, wie geht's uns denn heute?«

»Ich bin weder Ihre Oma noch Ihre Patientin«, entfuhr es Karin. »Was heißt hier ›uns‹? Komische Floskel! Denken Sie mal darüber nach!« Dem Doktor blieb der Mund offen.

Sie teilte ihr Büro mit niemandem. Sie war Chefsekretärin. Nicht, daß sie darauf stolz gewesen wäre. Für sie verstand sich ihre Stellung von selbst. Sie sah in den Spiegel, wie immer, um zu überprüfen, ob ihr Aussehen dem Firmenimage gerecht wurde. Dabei streckte sie sich selbst die Zunge heraus. In diesem Augenblick erblickte sie der Chef durch die offene Tür seines Büros, das er gerade betreten hatte. Er grinste – natürlich, was sonst. »Was gibt es da zu grinsen?« fragte sie aggressiv. Darauf er: »Was ist denn los mit Ihnen?« Karin: »Ich bin 46, und heute morgen sehe ich genau so aus und keinen Tag jünger, und infolgedessen repräsentiere ich die Firma nicht gerade vorbildlich. Und das beste daran ist: Es ist mir scheißegal!« Der Chef zuckte zusammen: »Solche Töne kennt man ja gar nicht von Ihnen, Müllerin!«

»Für Sie immer noch *Frau* Müller. Ich hasse diese Verballhornung meines Namens.« Der Chef schwieg. Was sollte das – Ärger mit dem Freund? (Ob sie überhaupt einen hatte? Er wußte kaum etwas über ihr Privatleben. Oder beginnende Wechseljahre? Na, sei's drum – sie würde sich schon wieder fangen.) Er beschloß, den Mund zu halten und zur Sache – sprich Tagesarbeit – überzugehen. Und da reagierte sie wie gewohnt: perfekt sachlich, präzise – und so blieb es bis zur Mittagspause.

In der Kantine wartete bereits die nächste ›Stunde der Wahrheit‹. Die Essensausgabe bemerkte liebenswürdig: »Ihr Leibgericht – Nudelauflauf mit Schinken.«

»Nur, wenn die Nudeln nicht wie neulich zu Brei gekocht sind. Höchste Zeit, daß die Küche mal etwas aufwacht.« Die Essensmaid sah beleidigt aus und schickte Karin einen nicht eben freundlichen Blick hinterher. Die war doch sonst nicht so – so gut wie nie schlechte Laune. Allerdings: ganz unrecht hatte sie nicht.

Die Kollegin Meyer III segelte auf Karin zu und ließ sich mit ihrem Tablett neben ihr nieder. Sie trug ein Kostüm von einem extrem giftigen Grün, von dem sie anscheinend glaubte, es harmoniere wunderbar mit dem Karottenton ihres Haares. Sie zupfte an ihrem Ärmel und sagte zu Karin gewandt: »Tolle Farbe, nicht? Außerdem um 30 % heruntergesetzt!« Sie nannte eines der anspruchsvolleren Modegeschäfte der Stadt. »Sie wollen doch meine ehrliche Meinung hören?« fragte Karin sanft. »Natürlich«, sagte die Meyer forsch, »ehrlich währt am längsten!«

»Das Grün ist viel zu kraß für Ihre bleiche Haut«, sagte Karin freundlich, »entweder Sie nehmen getöntes Make-up oder Sie entschließen sich zu einer milderen Farbe Ihrer Haare – und das nicht nur wegen dieses scheußlichen Kostüms!«

Wie vorher dem Doktor, blieb jetzt der Meyer III der Mund offen. Aber sie faßte sich schnell. »Da haben Sie mir ja ganz schön die Meinung gegeigt«, antwortete sie etwas kläglich, aber letztendlich doch ganz tapfer. Spöttisch klang es allerdings, als sie hinzufügte: »Das nächste Mal, wenn ich einkaufe, bitte ich Sie wohl besser mitzukommen?«

»Wäre zwecklos«, antwortete Karin ungerührt, »denn eigentlich interessiere ich mich kein bißchen für das Outfit anderer Leute! Hab' mit meinem eigenen genug zu tun!«

»Na ja, Sie als Chefsekretärin, da ist ja in erster Linie Dezenz und Diskretion angesagt, aber kein Schick«, konterte die andere nun doch.

»Stimmt, aber auch jenseits meiner Stellung würde ich schreiende Farben meiden.« Die andere hatte nun offenbar genug, sie griff sich wortlos ihr Tablett und stöckelte davon. Zum Glück hat sie nicht auch noch gefragt, was ich von sieben Zentimeter hohen Absätzen halte, dachte Karin in einer Mischung von Befriedigung und Trotz.

Bis zum Büroschluß provozierte niemand mehr die stets beherrscht imponierende Spitzenkraft zu weiteren Offenbarungen. Es fing erst wieder an, kritisch zu werden, als sie in ihre Wohnung zurückgekehrt war und den Anrufbeantworter abhörte. Der erste Anruf nervte. Ihr Freund, ein Architekt mittleren Niveaus mit schwindender Auftragslage, dafür aber mit einer anspruchsvollen Exehefrau und zwei unterhaltsbedürftigen Kindern ausgestattet, erklärte viel zu wortreich die Unmöglichkeit eines gemeinsamen Wochenendes, weil die ›Ex‹ wieder einmal den Besuchstermin der Kinder eigenmächtig und kurzfristig vorverlegt hatte. Doch dann kam die ruhige Stimme der wirklich besten Freundin, der sie schon seit eh und je bedingungslos vertraute: »Karin, deine Mutter hat mich angerufen. Sie war ganz verzweifelt, weil du sie offenbar ungewohnt schroff behandelt hast. Du solltest das auf die Reihe bringen – sie war wirklich verletzt. Und dann ruf mich doch auch noch an, wenn du kannst und magst.«

Ja, sie brachte das ›auf die Reihe‹. Die Mutter nahm ihre Entschuldigung: ›Streß, du weißt schon‹ nur allzu gern an – und beklemmend demütig.

Danach fühlte sich Karin zwar erleichtert, aber auch ungut: zerrissen und depressiv. Was hatte dieser Tag der ›reinen Wahrheit‹ ihr eigentlich gebracht? Fühlte sie sich etwa nun besser, aufrecht, souverän, integer? Weit entfernt von alledem. Ihr war jämmerlich zumute, wie einem Kind, das gegen die Spielregeln verstoßen und nun ein schlechtes Gewissen hatte. Nein, es gab keinerlei Grund, auf sich selbst stolz zu sein.

So saßen dann die beiden Freundinnen noch bis spät in die Nacht im Gespräch zusammen, und sie kamen sogar zu einem einverständlichen Ergebnis.

Das sah folgendermaßen aus: Das, was Karin den ganzen Tag über mit geradezu kindlichem Trotz von sich gegeben hatte, war nichts anderes gewesen als ihre subjektive Wahrheit, mit der sie allzu oft und allzu lange zurückgehalten hatte. Ihre ureigensten Bedürfnisse hatte sie nur allzu selten anzumelden geschweige denn durchzusetzen gewagt. Gefühlsmäßig hatte sie zwar erfaßt, daß man mit der ›Wahrheit‹ in der Interaktion nur in Gestalt von Kompromissen umgehen kann und daß es die ›reine‹, die ›objektive‹ Wahrheit in diesem Kontext nicht geben kann. Überall wird vielmehr ausgehandelt, ein Deal gemacht, muß man sich auf das Ausmaß der Zumutbarkeit situativ immer wieder neu einstellen und ausbalancieren, wie weit man mit seiner subjektiven Wahrheit gehen kann – und darf.

Im Grunde war Karin nämlich eher eine ›Taube‹ als ein ›Falke‹. Sie hatte den Wunsch, in Frieden mit ihrer Umgebung zu leben. Infolgedessen gehörte sie eher zu den ›Konfliktvermeidern‹; war sie jemand, der leicht und schnell Zugeständnisse zu machen bereit war. Aber darüber hatte sie nie reflektiert und auch nicht darüber, daß diese Einstellung ihr Probleme machen könnte. Sie hatte diese Haltung einfach gelebt, bis sie eines Tages das Konto ihrer Belastbarkeit sprich Kompromißbereitschaft überzogen hatte, ohne Vor- und Anzeichen, die sie davor hätten warnen können. Ihr schließlicher Durchbruch, den sie in einen einzigen Tag hineingestopft hatte, war nicht der einer ethisch hochwertigen Wahrhaftigkeit. Er war das Ergebnis einer stets unterdrückten Selbstbehauptungstendenz, die endlich einmal ihr Recht forderte und sie ermutigte, ihrer Umgebung die sogenannte Wahrheit zu sagen. Mit der Abgrenzung gegen die Egozentrik ihrer alten Mutter (an der es jetzt nichts mehr zu ändern gab) hätte sie beginnen müssen, als der Geist der alten Dame noch beweglich genug war, um neue Einsichten in ihr Verhalten zu integrieren. Statt dessen hatte sie – allzu lange – die Zumutungen an ihre Toleranz, ihr Wohlverhalten, ihre töchterliche Dankbarkeit folgsam heruntergeschluckt.

Und stand es ihr eigentlich zu, den gutmütigen Doktor so harsch zu korrigieren? Auch sie selbst verfügte ja über ein ziemlich abgedroschenes Repertoire von Floskeln, das sie gedankenlos anwandte, das ihr fast automatisch über die Lippen glitt. Genau das war der ›Verstoß‹ des Doktors gegenüber einer besser definierbaren Realität gewesen. Aber waren solche Redensarten schließlich doch nur so etwas wie glättende Creme oder Öl ins manchmal trocken knirschende Getriebe mitmenschlicher Interaktionen? Oder eine verhüllende Maske, die allzu schroffe Konturen eines menschlichen Gegenübers dämpfte?

Völlig überflüssig war es auch gewesen, der unglücklichen Kollegin den eigenen Geschmack zu suggerieren. Karin sagte sich nun: Ich hätte wissen müssen, daß die Frage: Wie finden Sie das? nur rhetorisch gemeint war, daß nur die Bestätigung der eigenen richtigen Wahl erwartet wurde. »Ein tolles Grün« (indifferente Antwort) hätte genügt und wäre in seiner Art kaum als schonungslose Kritik angekommen. Warum also der Versuch, das Selbstbild zu erschüttern, mit dem die Meyer doch offenbar rundum zufrieden war? Hatte sie mit ihrer Kritik, mit ihrer ›Wahrheit‹ nicht das geheime Gefühl der Überlegenheit befriedigt, das sie zur Distanz von der Vulgarität der anderen getrieben hatte?

Und der Chef? Wie anders als mit einem Grinsen hätte er denn die Beobachtung ihrer infantilen Mimik quittieren sollen? Er konnte in der Tat ein vernünftigeres Verhalten von ihr erwarten. Karin beschloß: Dieser abrupte Ehrlichkeitsanfall sollte ein einmaliges Ereignis bleiben.

Eher als alles andere war er ein Streßprodukt gewesen. Streß durch Überanpassung. Und er hatte jeden Humor vermissen lassen. Das nahm sie sich selbst jetzt übel. Sie war gar nicht auf den Gedanken gekommen, über sich selbst zu lachen und zu sich zu sagen: Laß doch diese überhebliche Beckmesserei, im Grunde bist du ja nicht besser als die anderen und schon gar nicht im Besitz der absoluten Wahrheit.

Damit sind wir wieder bei der Basiserkenntnis angelangt: Seien oder werden wir bescheidener, was die vermeintlichen Erkenntnismöglichkeiten des ›einzig Wahren‹ angeht. Von den beiden Sprüchen ins Stammbuch schien Karin nun doch dieser der brauchbarere zu sein: »Sage nicht alles, was du weißt, aber wisse alles, was du sagst.« Im Sinne einer optimal gelingenden Interaktion mit den Mitmenschen viel tauglicher als das hochtrabende »Laß nie die Lüge deinen Mund entweihn«.

Aus all diesen, im Grunde kaum wichtigen Alltagssituationen hätte sie ohne eine wirkliche Lüge mit Täuschungsabsicht unbeschwert hervorgehen können, wenn sie sich ›geschmeidiger‹ verhalten hätte.

Vielleicht hätte sie auch an diesem Tag einmal an die alte Juristenfrage denken sollen: »Cui bono?« – Wem nützt es? Denn: Hätte sie darauf hoffen können, daß sie mit ihrer Ehrlichkeit den anderen nützlich sein würde, in einem Sinne des Veränderns? Erreichte man denn mit dem, was sie von sich gegeben hatte, einen Sinneswandel? Würden der Arzt und der Chef sich in ihrem Äußerungspotential revidieren? Würde die Kollegin ihren Geschmack einer ernsthaften Prüfung unterziehen? Würde die Mutter ihre alten eingefahrenen Verhaltensmuster ablegen? Nein, wohl kaum. Es bestand weder Anlaß noch gar ein Anspruch, dergleichen zu erwarten.

Die daraus ableitbare simple Grundregel lautet: Wahrheit ist nicht gleich Wahrheit. Wir können uns nicht in jedem Augenblick unseres Alltagslebens und seiner mitmenschlichen Interaktionen, die oft genug trivial sind, zum Bekennermut hinreißen lassen. Es hieße, den Alltag mit Bedeutungsgehalten überfrachten, wollte man alles ›richtigstellen‹, – was überdies voraussetzen würde, daß man des ›Richtigen‹ gewiß sein darf. Die anderen unterliegen den gleichen subjektiven Bewertungen wie wir selbst – warum also um jeden Preis versuchen, dieselben einander anzugleichen? Die Spitzenplätze unserer Bewertungsskala sollten wir nicht an Banalitäten verschwenden. Man kann also nur davon abraten, einander die vermeintlich reine Wahrheit um die Ohren zu schlagen. Das einzige, was wir dabei davontragen, sind blaue Flecken an der Seele. Toleranz kleiner Schwächen und Sicharrangieren sind angesagt, ohne daß wir deshalb zu Lügnern werden müssen, die dann, wenn es um die totale Wahrheit geht und gehen muß, nicht differenzieren können.

Der gute Vorsatz

Irgendwann, meist dann, wenn ein Lebensabschnitt den anderen fühlbar ablöst, faßt nahezu jeder Mensch gute Vorsätze, im Sinne von: »Ab morgen wird alles anders.« Nahezu heroisch in der Absicht. Denn wir alle hängen an unseren – teils gelernten, teils genetisch festgelegten – Verhaltensmustern und identifizieren uns mit ihnen. Die größte Kraftanstrengung für den Menschen ist die Veränderung dieses Zustandes, sei es, daß man sie sich selbst auferlegt, sei es, daß man sie mit fremder, meist professioneller Hilfe zu bewerkstelligen versucht. Reste der alten Haut haften immer noch an uns. All das ist im Grunde eine Zumutung, nämlich eine immense Änderung auf sich zu nehmen. Das Ich, das Freud einmal ein ›armes Ding‹ genannt hat, wehrt sich, mit Recht. Wir haben es mühsam genug erworben, und auch in seelischen Bereichen gibt es so was wie ein Trägheitsprinzip, das uns am einmal Erworbenen festhalten läßt.

Nahezu jeder kennt die tapfer angekündigten Neujahrsentschlüsse, bei denen es müßig ist, die denkbaren Inhalte derselben im einzelnen aufzuzählen. Sie sehen bei den meisten Individuen einander fatal ähnlich – überwiegend geht es um mehr oder weniger gravierende Schwächen bis hin zum ausgeprägten Laster. Vielleicht gehört der Verzicht auf Rauchen und Trinken zu den meiststrapazierten, mit heiligen Schwüren belegten und gleichzeitig fragilsten hehren Zielen. Der Katzenjammer, der dem ersten Rückfall, dem Verstoß also gegen die wünschenswerte Tugendhaftigkeit folgt, ist denn auch meist beträchtlich – aber nicht unüberwindbar. Irgendwann, meist allzu bald, erteilt man sich selbst Absolution.

Aber nicht nur zeitliche Einschnitte fordern zur Umstellung heraus, oder zur Schärfung des Gewissens, zu Handlungsmaximen, die allgemeine Billigung finden und uns selbst ein moralisch stützendes Korsett anbieten. Wenn die bisherige Singleexistenz durch die dauerhaft sein sollende Zweierbeziehung abgelöst wird, ist ein geradezu klassischer Moment gekommen, Vorsätze zu bilden.

Unendlich viele haben den Wunsch nach totaler Identifikation mit dem Partner. Männer wie Frauen sind davon betroffen, wenn man auch den letzteren die stärkere Neigung dazu nachsagt. Hingabebereitschaft und Sehnsucht nach möglichst totaler Verschmelzung repräsentieren einen uralten und unvergänglichen Menschheitstraum, von dem zwar jeder ›eigentlich‹ weiß, daß er unerfüllbar ist, an dem wir gleichwohl als vermeintlich erfüllbar hartnäckig festhalten.

So steht denn am Anfang unzähliger, auf Dauer angelegter Lebensgemeinschaften die von dem Drang zu immerwährender Aufrichtigkeit beseelte Versicherung: Wir wollen uns in Zukunft gegenseitig immer alles sagen und uns erst recht alles restlos mitteilen, wenn möglicherweise eine Attraktion durch eine andere Person beginnt, wenn eine Dritte (ein Dritter) anfängt, unsere Gedanken mehr als gut in Anspruch zu nehmen. Nur keine sogenannten Heimlichkeiten. Rückhaltlose Ehrlichkeit, die wollen wir einander geloben.

Und in der Tat geht dergleichen zunächst einmal gut: noch ist alles neu und unverbraucht und der Zauber, der nach Hermann Hesse jedem Anfang innewohnt, nimmt uns gefangen. So fällt der Marsch auf dem geraden Weg der Tugend nicht einmal schwer.

Bis dieser Pfad auf einmal glatt und schlüpfrig wird, unwegsam, und wir Gefahr laufen auszugleiten. Die totale Identifikation, Wunschbild und Traum: Sie erweist sich als Utopie. Denn zwei Menschen bleiben zwei Individuen, ausgestattet mit einem Binnenraum, der eine zwar überbrückbare, aber niemals ganz aufzuhebende Distanz zum anderen repräsentiert und – wir müssen sagen: zum Glück – auch garantiert. Denn ohne dieses Refugium in uns selbst, das auch der nächste Mensch nicht durch sein Eindringen stören darf noch soll, wären wir unfähig, uns Veränderungen zu öffnen und zu stellen, würden wir die Schwankungen unserer Sensibilität für den anderen nicht wahrnehmen können, unsere Gefühls- wie auch die Welt unserer Kognitionen nicht ausreichend differenzieren. In diesem Binnenraum liegen die Wurzeln unserer Selbstreflexion, ohne die wir den Sinn der Spezies Mensch verfehlen würden, der uns von anderen Lebewesen trennt. Ja, Grete möchte in Hans hineinkriechen und umgekehrt. Verständliches Bedürfnis – aber sie sollten es kanalisieren.

Meistens begreifen wir alles das erst spät und manchmal auch zu spät. So verdrängen wir eine ganze Weile, ehe sich die aufreibenden Selbstbehauptungskämpfe entwickeln um das bißchen eigene Welt.

Und so fängt der Ausbruch aus der totalen Zweisamkeit an. Wir fühlen irgendwie, noch sehr diffus, daß wir uns übernommen haben, und fangen an, die Schrauben zurückzudrehen. Kein so erstaunlicher Vorgang und am ehesten gelingend, wenn er synchron abläuft. Verhängnisvoll aber, wenn die Bedürfnisse auseinanderklaffen – der eine klammert noch, der andere ist schon auf dem Rückzug. Der eine hat gelernt: Ich kann den Partner nicht unter eine Glasglocke sperren, mag sie noch so transparent und luftig erscheinen. Der andere will eingesperrt sein und vertraut auf die Unabänderlichkeit der totalen Zweisamkeit.

Nun sind wir alle und allemal den Reizen der Umwelt ausgesetzte Wesen. Wir sind weltoffen, und es erfordert einen permanenten Kräfteaufwand zu filtern, Selektion zu betreiben, sich zu öffnen, aber nicht zu erliegen. Niemand kann zum Beispiel alles das etwa in Gestalt von Hobbys verwirklichen, was ihn jemals, vielleicht nur zeitweilig, trendartig ›interessiert‹ hat. Die Vernunft sagt uns denn auch in den meisten Fällen dieses Reizangebots: Verzettele dich nicht, du wirst schon nach einiger Zeit sehen, dies ist einfach nicht mehr unterzubringen. Nun, das sind Sachinteressen – aber wie steht es mit den mitmenschlichen?

Hier ist die Gefahr für die Stabilität unserer eingegangenen Bindungen größer, und wir kollidieren nur allzu leicht mit unserem überkommenen oder selbst gewählten Normensystem. Trotz allen Geredes von ›offenen Lebensgemeinschaften‹ oder ›Lebensabschnittspartnern‹: Der Treueschwur wird von den meisten geleistet und mit allen guten Vorsätzen ausgestattet. Und hielten sich alle, die ihn ernst zu nehmen entschlossen waren, an das einzig prophylaktisch Wirksame, nämlich an das ›Wehret den Anfängen‹, die Welt wäre um einiges an selbstgestrickten Verwicklungen ärmer.

Jens, nach seiner Ehe gefragt, würde mit Sicherheit antworten: »Glücklich.« Und er ist es in der Tat überwiegend – aber eben nur ›überwiegend‹, und es fragt sich, wann er es nur noch selten sein wird. Denn neben dem Glücksbewußtsein hat sich etwas angesammelt wie ein Pool. Der enthält einen Teil Desillusionen, einige mehr oder weniger bedeutsame Frustrationen und – nicht leicht, es zuzugeben – hier und da auch Aversionen. Noch ist er nicht so weit, dergleichen beim Namen zu nennen, aber hätte er bereits den Mut dazu, würde er vielleicht so formulieren: »Das hatte ich mir anders vorgestellt!« An diesem Punkt könnte Jens sich sagen, daß er nur einer von vielen Millionen ist, die in vergleichbaren Gesellschaftsformen das gleiche empfinden. Aber dies sagt er sich ebensowenig wie die überwältigende Mehrzahl Individuen in ähnlichen Situationen dies tut. Reden wir nur von Männern? Nein, wir reden genauso von Frauen, ohne ständig die üblich gewordenen Artikel-Bocksprünge zu veranstalten. Frauen sind solchen Verdrängungsprozessen (denn um nichts anderes handelt es sich) genauso ausgesetzt, eher noch mehr, dank ihres deutlich geringeren Aggressionspotentials. Frauen scheinen zwar eher und intensiver in Beziehungskisten zu wühlen, aber ob sie dort erfolgreicher fündig werden, steht dahin.

Resümee: Es ›stimmt‹ zwar im großen und ganzen in der Partnerschaft, aber es stimmt auch wieder nicht.

Und dann begegnet man (zufällig, versteht sich) jemandem, bei dem man sehr schnell das Gefühl hat: hier stimmt ›die Chemie‹, wie man inzwischen jenes undefinierbare gewisse oder eher ungewisse ›Etwas‹ zu nennen pflegt. Und dies Gefühl bewirkt, daß man sich jener Begegnung mindestens nicht entzieht. Oder man geht einen Schritt weiter: man gestaltet den Zufall aus. Denn man hat Gelegenheit, einander häufig zu treffen. Statistiken sagen seit langem aus, daß der gemeinsame Arbeitsplatz eine Stätte ständiger Begegnung sein kann, vor allem dann, wenn man es bewußt darauf anlegt.

So trifft man sich zum Beispiel im Lift und drückt (versehentlich, versteht sich) den falschen Knopf, um den Flirt (denn ein solcher hat sich unverkennbar entwickelt) ein bißchen zu verlängern. Man streift einander leicht im Vorbeigehen (sicher, daß dies nicht als ›sexuelle Belästigung‹ ausgelegt wird). Und man korrigiert den falschen Knopfdruck mit einem, der wiederum falsch gewählt ist, und hat einmal mehr Zeit gewonnen. Man schaut nervös aus dem Fenster und rast zum Parkplatz, um das ersehnte Objekt erneut, wenn auch nur kurz zu treffen. Besser als nichts. Man übersieht souverän das Grinsen der lieben Kollegen, man stellt unbemerkt eine Blume an den Arbeitsplatz. Eines Tages lädt man sich selbst zur Mitfahrt ein (Auto leider in der Werkstatt – gelogen, gelogen), man hat zu Hause vorgesorgt (heute wird es möglicherweise recht spät). Allerdings wird es dann nicht zu spät, sondern eher früh, was den Tagesanbruch angeht, und nun ist ›es‹ (was zu erwarten war) ernst geworden.

Müßig zu sagen, daß wir eine banale Entwicklung beschrieben haben, wie sie sich überall auf der Welt tagaus, tagein millionenfach vollzieht. Daran denken wir natürlich nicht, denn unser eigenes Erleben ist allemal das Einzigartige, das Unaustausch- und Unverwechselbare. Es repräsentiert unsere kostbare Individualität. Und so segeln wir, im Grunde tollkühn, was wir uns aber nicht klarmachen, in eine beglänzte Ferne, hinaus aus unserem immer grauer werdenden Alltag. Um diese exzeptionelle Daseinssteigerung zu erhalten, gleiten wir nahezu automatisch in die Lüge, mit der wir unser besseres Wissen und Gewissen zudecken, bis die Realität zunächst einmal unkenntlich wird.

Warum verhalten wir uns so? Wie immer gibt es nicht den einen einzigen Grund. Natürlich ist das Bedürfnis nach mehr Lebensfreude und -genuß Hauptmotiv, aber nur selten hat man es bei Motiven mit gleichsam einer einzigen starken Pfahlwurzel zu tun, sondern vielmehr mit einem auf einen Blick hin schwer überschaubaren fein verästelten Geflecht. Das Neue, das Reizvolle, die Daseinserhöhung, die damit verbunden ist, die Fülle des Erlebten und die damit einhergehende Selbstbestätigung verhindern jedoch nicht die schmerzliche Gewißheit, daß wir das neue Glück nicht isolieren, nicht unter eine Glasglocke setzen können. Berührungen mit dem sozialen Netzwerk, das wir uns schon vorher geschaffen hatten, sind unvermeidlich – und es bleibt nicht nur bei Berührungen: jene geraten zu häufig sehr schmerzhaften Kollisionen, die das soziale Gefüge erschüttern. Das kann sich weder so vollziehen, daß es sich ignorieren läßt, noch können wir den Schuldgefühlen ausweichen, die dadurch in uns erzeugt werden. Denn immerhin geht es um das seelische Gleichgewicht und Wohlbefinden eines Menschen, dem wir etwas ›versprochen‹ haben, das jetzt erheblich ins Wanken geraten ist. Oft genug hat gerade dieser Mensch uns nicht eigentlich etwas ›getan‹ – er hat lediglich unsere volle Aufmerksamkeit nicht mehr. Wir sind abgelenkt, vorübergehend, wie wir uns beschwichtigend sagen – wir wollen ja nicht wirklich weg (oder machen uns das immerhin vor), wir sind ja (noch) Liebende, wenn auch nicht mehr in der Leidenschaft des Beginns. Dennoch, in dieser Bewußtseins- und emotionalen Spaltung fügen wir Leid zu – eine Einsicht, die auf uns lastete, wenn wir sie ganz glasklar vollziehen würden, so daß wir uns lieber um sie drücken und diese Problematik abschieben, nicht sehen wollen, verdrängen.

Konflikte also vorprogrammiert? Aber ja. Nur, daß wir das nicht wahrhaben wollten und ihn fahrlässig heraufbeschworen haben. Nun sitzen wir vorerst mitten in ihm drin – und zu sehen sind nur unzulängliche Notausgänge.

Weil wir es nicht wagen, der entstandenen Situation gerade ins Auge zu sehen, lügen wir. Mehr oder weniger routiniert, mehr oder weniger unbeholfen, mehr oder weniger glaubhaft. Denn eigentlich ist uns ja nahegelegt worden, das Lügen zu verabscheuen, und tatsächlich ist es uns ›eigentlich‹ in tiefster Seele zuwider. Das macht uns unsicher, wir sind nur halbherzig dabei, und manchmal stellen wir uns selbst ein Bein, indem wir allzu nahe an die Grenze zur Unglaubwürdigkeit geraten. Das aber wiederum entspricht genau unserem Bedürfnis, die Dinge vorerst so lange wie möglich in der Schwebe zu halten, um keinen wirklich strukturierten Entschluß fassen zu müssen. Wir mögen einfach nicht unsere Situation durchdenken, nicht antizipieren, was alles sich an Weiterungen ergeben kann.

Alles das, was prinzipiell möglich wäre, denken wir also nicht zu Ende.

Um den gewünschten Erfolg zu haben, müßten wir uns besser auf die Strategie und Taktik der Lüge einstellen. Wir müßten uns zum Beispiel vergegenwärtigen, daß Kaschierungsbedürfnis gezielte Mühe verlangt, wenn es perfekt erfüllt werden soll, zum Beispiel jene Stereotypie der Ausreden zu vermeiden, die einfach stutzig machen muß.

Das Essen mit Geschäftsfreunden, die Gymnastik mit der besten Freundin –, das sind Klischees, die sich allmählich abgreifen. Um glaubhafter zu sein, müßte man sich etwas Originelleres ausdenken – und genau davor scheut man zurück, teils, weil man seinem Gedächtnis und seiner Kreativität beim Erfinden nicht allzuviel zumuten kann, und vor allem, weil man davor zurückschreckt, das leidige Lügen auch noch bewußt zu perfektionieren. Oder vielleicht auch, weil man im Grunde wünscht, alles möge auffliegen, weil die Doppelbelastung zu groß wird. Längst hat man sich jedoch schon auf ganz andere Weise verraten.

Denn selbstverständlich hat sich das Gesamtverhalten verändert. Man ist schweigsamer geworden, hat an Spontaneität eingebüßt, man ist gekünstelt, bemüht, ungewohnt nachgiebig und zu Konzessionen bereit, wo sie keine Gefühle kosten und verräterische Verstellung erfordern. Das alles hat die ›andere Seite‹ (denn der angestammte Partner ist längst –

wenigstens partiell – zum Gegner geworden) natürlich seit längerem stutzig gemacht. Je nach Mentalität wird er individuell folgerichtig zum aufmerksamen Beobachter, der seine Wahrnehmungen in ein bestimmtes Muster einordnet, man fühlt sich emotional beunruhigt bis verzweifelt, man leidet passiv oder versucht, gezielte Beobachtungen zu machen. Und irgendwann begnügt man sich nicht mehr mit der Rolle der zurückgesetzten, zum Lügenadressaten degradierten Person – man äußert sich. Nicht jeder fragt direkt, oft aus der Furcht, eine bittere Wahrheit zu hören. Vielleicht tippt man zunächst nur vorsichtig an und erntet frostige, mindestens allzu magere Reaktionen. Nicht jeder hat die Beherrschung, dergleichen diplomatisch zu dosieren. Je nach Temperament und dem Grad der inneren Bedrängnis ›platzt‹ man mit dem, was langsam unerträglich wird, irgendwie heraus: giftig, lautstark, ätzend, spöttisch – um nur einige Ausdrucksmöglichkeiten der Haltung des begründeten Verdachtes zu nennen. Oder: Pistole auf die Brust! »Entscheide Dich! Hör auf mit dem Versteckspiel – was ist los, was ist Sache? Raus damit endlich! Ich kann nicht mehr. Nichts stimmt mehr!«

Der Betroffene denkt: Jetzt macht sie mir eine Szene. Klar, mußte ja so kommen. Natürlich haßt er Szenen. Wer haßt sie nicht? Schmerzausbrüche zu erleben, an denen man sich schuldig fühlt (und das ist man ja auch), ist schlimm. Also macht man Ausflüchte: Einbildung, du siehst Gespenster, na, nun bleib mal auf dem Teppich, ich bin ein freier Mensch und nicht dein Sklave – usw., usw.

Nun ist dies keine vollkommen vorhersagbare Entwicklung. Denn auch die Seite, der man sich intensiv zugewendet hat, produziert Reaktionen. Sie hat sich auf etwas eingelassen, was zunächst relativ unproblematisch schien. Voraussehbar, daß Probleme sich noch einstellen würden. Aber das verdrängt man. Der Aufschwung des Lebensgefühls ist zu heftig. Die Welt ist farbiger, leuchtender, verheißungsvoller geworden. Und man entwickelt Hoffnungen. Klar, der Partner ist gebunden. Aber wird nicht inzwischen jede dritte Ehe geschieden? Begierig hört man auf alles, was darauf schließen läßt: Er hat sein bisheriges Leben satt. Aber wann zieht er endlich die Konsequenzen? Und wann vor allem bringt er den Mut dazu auf? Irgendwann muß er sich doch zu seinem vorerst zweiten, aber in Wirklichkeit wichtigerem Leben bekennen? Eine Entscheidung ist doch fällig – oder etwa nicht?

Sicher ist sie das. Aber die Ausreden, schärfer gesagt: Lügen, haben sie zugedeckt und machen sie immer noch problematisch. Die Geliebte wird also ungeduldig. Sie hat Pläne zurückgestellt, die sie eigentlich verwirklichen wollte, sie hat sich lange geduldig beschieden, seine Verpflichtungen respektiert und ihren Argwohn, da möchte doch mehr an alter Bindung sein als er ihr sagt, tapfer bekämpft. Nun kann und will sie nicht mehr.

Die zweite Pistole, die ihm auf die Brust gesetzt wird. Er schlägt vor, man solle sich eine Weile nicht sehen, er brauche noch Zeit. Aber das kommt schlecht an. Er merkt, er hat sein Konto überzogen. Und auf einmal ist ihm klar, es ist vorbei. Die Geliebte fängt an, lästig zu werden. Er macht Schluß. Und da er ihr übelnimmt (obwohl er sich nie offen beschwert hat), daß sie ihn in diese Situation des ständigen Versteckspielens gebracht hat, fällt der Abschied nicht unaggressiv aus. Es fallen Worte, die er später bereut, aber das Rad hat sich unaufhaltsam gedreht. Er konnte nichts dagegen tun (meint er, genau wie er anfangs gemeint hat, nun habe ihn die Liebe unwiderstehlich eingeholt), und irgendwie ist er nun erleichtert, daß dies alles vorüber ist.

Er will wieder da anfangen, wo er aufgehört – nein besser gesagt, wo er die Zäsur, die Unterbrechung gesetzt hat. Aber das erweist sich als schwieriger als erhofft.

Denn die legale Partnerin hat das Vertrauen verloren. Jetzt, da er die illegale Beziehung beendet hat, glaubte er nämlich, ›reinen Tisch‹ machen und alles gestehen zu müssen. Er hat nicht geahnt, welches Entsetzen er damit auslöste. Denn die Partnerin hatte ihre Ahnungen immer wieder verdrängt und sich selbst eher der unangebrachten Eifersucht bezichtigt, als wirklich an ihm zu zweifeln. Jetzt fällt es ihr wie Schuppen von den Augen, was alles sie hartnäckig übersehen hat. Und jetzt schießt sie natürlich auch über das Ziel hinaus und deutet Erinnerungen um, die tatsächlich in den Bereich harmloser oder zufälliger Ereignisse gehören. Aber das kann sie jetzt nicht mehr unterscheiden, und so wächst die Belastung seines Kontos ins Ungeheure.

Und vor allem: jetzt hat sich der Stachel des Mißtrauens in ihr wach gewordenes Bewußtsein gebohrt. Sie läßt ihn das auch wissen und spüren. »Ich kann dir nie wieder etwas glauben«, so wird sie argumentieren, und das heißt zugleich: »Ich *will* dir nie wieder glauben.« Denn das gehört jetzt, nachdem sie im Augenblick sicher ist: er wird nicht weggehen, jetzt nicht und nicht mit dieser Frau, zu ihrem unbewußten Bestrafungsritual. Er muß die Folgen seines Tuns fühlen. Und was ist in ihrer Vorstellung die schmerzlichste Bestrafung? Zuvörderst natürlich Liebesentzug; sie wird jetzt ständig von Phantasien heimgesucht, die ihr die ›andere‹ und ihn in intimen Situationen vorgaukeln. Sie kann oder will diese Visionen nicht abweisen, sie entwickeln sich zu greller Deutlichkeit. Dann ist sie versucht, ihn zu schlagen oder diese Frau anzurufen und mit wilden Schmähungen zu überschütten.

Sie tut es nicht. Aber sie verspürt eine quälende Lust dazu. Natürlich schläft sie irgendwann wieder mit ihm, aber sie fühlt dabei: Nichts ist mehr wie es vorher war. Früher hat sie sich ihm ganz unbefangen hingegeben, jetzt läuft parallel zur körperlichen Vereinigung ein Gedankenfilm mit: Vergleicht er mich jetzt mit ›ihr‹, und wie schneide ich dabei ab?

Eines Tages, als er (wirklich allein, sie ist dem nachgegangen) auf Geschäftsreise ist, geht sie in einem Anfall von Trotz und wiederbelebter Wut aus. Sie setzt sich, was sie noch nie getan hat, auf einen Barhocker und genießt es, daß ein gepflegter Yuppie mit ihr zu flirten beginnt. Aber nach einer Stunde, während er noch seine Sprüche klopft und schon recht deutliche Anspielungen auf die Fortsetzung des Abends macht, geht sie kurzerhand davon. Das also ist auch keine Lösung. Sie muß auf andere Art damit fertig werden. Sie fühlt, sie sollte ihm verzeihen, versuchen, das Ganze zu vergessen. Aber das kann sie nicht. Die Wunden, die er geschlagen hat, heilen nicht und sie tut, das muß sie sich eingestehen, auch einiges dazu, immer wieder an ihnen herumzukratzen. Irgendwas ist mit der ›alten Welt‹ passiert. Ihre Regeln stimmen nicht mehr, und neue erfinden – dazu ist sie nicht bereit.

Endlich – er wird überrascht davon – hat sie die Scheidung eingereicht. Jetzt klammern sie sich beide an ein letztes gemeinsames Ideal: Wenn wir auseinandergehen, dann mit Anstand und Würde. Das gelingt ihnen halbwegs. Es ist das letzte, was von den einstigen gegenseitigen Versprechungen übrig geblieben ist.

Es hätte ganz anders kommen können. Welche Alternativen hätte es denn gegeben, um dieses bittere Ende nicht zu provozieren? Denn provoziert worden ist es, durch eine mißlungene Interaktion. Die optimale Alternative, Einhaltung strikter Treue – sich an das gebunden fühlen, was man versprochen hat, unverbrüchliches Zusammenhalten, in guten wie in schlechten Tagen. In diesem Zusammenhang wäre schon ein schlechter Tag, an dem man die Versuchung spürt auszubrechen und wenn nicht gleich dies, dann doch wenigstens intensiv nach links und rechts zu schauen und dabei den geraden Weg aus dem Auge zu verlieren. Wer kann das? Moralisch und ethisch starke Persönlichkeiten, aber auch ängstliche Tugendbolde, die sich sklavisch an die Regeln des Wohlverhaltens binden. Dazwischen liegen die Kämpfer, die sich durchringen. Die letzteren sind sicher die sozial wünschenswertesten. Der Durchschnitt aber unterliegt der menschlichen Fehlsamkeit und gewinnt die Schlacht (wenn er sich denn wirklich schlagen will) zwischen Wunschdenken und Einhaltung von Pflicht nicht. Er sieht zwar die Gefahr, aber er kommt auch darin um. Die schlechteste Alternative.

Und wenn man das alles in sich verschlossen hätte? Wenn ›es‹ denn schon passiert ist, wäre es nicht angemessener, schonender (für alle Beteiligten), letztendlich also weiser, sich die schmerzliche Bilanz der Kapitulation vor der eigenen Schwäche zu ersparen? Manches reguliert sich durch Nicht-Offenbarung, durch Vergessen, durch Zeitvergehen. Wir alle nämlich kommen nicht ohne Unwahrheiten, nicht mit Bekennermut, sondern oft genug nur mit Kompromissen durchs Leben, die uns vor dem Hochmut bewahren, der uns einflüstert, wir seien im Recht, im unverletzten unverbrüchlichen Recht. Nein, wir schlagen uns irgendwie durch, auf schmalem Grat zwischen dem, was wir möchten, und dem, was wir sollen. Und manchmal tun wir besser daran, unsere Verfehlungen für uns zu behalten, als noch größeres Unheil anzurichten. Wahrheitsfanatikern wird das nicht schmecken – aber Wahrheitsfanatiker sind nicht immer die angenehmsten Zeitgenossen. Sie verfangen sich nur allzu leicht in ihren eigenen Netzen, denen der political correctness, mit der ein ganzer Erdteil, Amerika, kämpft.

Es gibt aber auch die Alternative der progressiven Reifung. Man konfrontiert sich mit der Gefahr, man reflektiert, man entwickelt so etwas wie Antizipation, das heißt die Einschätzung potentieller Risiken. Man lebt bewußt und wägt ab, betreibt so etwas wie die Einschätzung des jeweils höherwertigen Lebensgutes. Aber das kann nicht im egozentrischen Alleingang geschehen, sondern nur in einem Wechselspiel von rational und emotional gesteuerten Impulsen. Überlegungen, Entscheidungen, bei denen man die berechtigten Ansprüche der ›Mitspieler‹ im Auge behält.

Zu rational? Vielleicht, aber immerhin der Minimierung von Leiden dienlich.

An der Wahrheit vorbeigelebt

Wir möchten etwas sein und sind es nicht. Aus eigener Kraft und Anstrengung Schritt für Schritt voranzukommen um es zu erreichen, ist uns zu mühsam oder zu langwierig ... Wie auch immer, vor unseren Wunschträumen, die wir zu Zielen gemacht haben, bauen sich Hindernisse auf, die wir lieber im großen Sprung nehmen wollen als in mühsamer Kleinarbeit. Diese Ziele sind nicht sehr eindeutig. Sie bestehen aus der vagen Sehnsucht nach dem ›großen Sprung‹, mitten hinein in das Zielzentrum, und sie sind oft mit drastischen materiellen Verbesserungsvorstellungen von unserer gegenwärtigen, eher bedrängten Lage verbunden.

H. H., nennen wir ihn einmal so, ist vorab durch folgende Merkmale gekennzeichnet: Er hat – aus welchen Gründen auch immer – keine geregelte Ausbildung erfahren, die ihm eine durchschnittlich befriedigende Existenz garantiert hätte. Sein Anspruch ging jedenfalls über das Erreichbare stets hinaus. Eine Weinvertretung erwies sich als ein ›saures Brot‹. Andere Versuche, sich selbständig zu machen, scheiterten. Er zog eines Tages Bilanz, zunächst vor dem Spiegel. Er war 54, kein Alter für einen Mann. Sein Haar war voll und dicht, er hatte sanfte braune Augen, die auf Frauen anziehend wirkten. Er hatte die Erfahrung gemacht, daß man auf seine Stimme ›abfuhr‹, und er war zudem sprachlich gewandt. Er beherrschte eine Menge von Klischees, Schmeicheleien, von denen er eigentlich wußte, daß sie billige Ware darstellten. Aber er hatte die Fähigkeit entwickelt, an dergleichen selbst zu glauben, und so konnte er diese billige Ware auch so verkaufen, als sei sie eigentlich teuer. Das drückte sich auch in der Heiratsanzeige aus, die er aufgab, in einer Zeitung, die von konservativen, gebildeten (wirklich gebildeten?) Kreisen bevorzugt wurde. Er saß tagelang am Text, feilte ihn immer wieder, bis er ihm psychologisch perfekt erschien oder als das, was er dafür hielt. Die Anzeige lautete so:

»Unverbesserlicher Romantiker, der immer noch glaubt, die Frau zu finden, die seine Sehnsucht nach Geborgenheit teilt: er ist Mitte 50, vorzeigbar (für dich vielleicht mehr als das), schlank, aktiv und vital (but no sports) und zugleich verläßlicher Partner in schwierigen Lebenslagen. Meine Frau darf gern älter sein als ich, denn Vorurteile sind nicht mein Fall. Finanziell unabhängig und nicht ortsgebunden. Zuschriften ohne Bild (denn die Begegnung entscheidet!).«

Das wirkte. H. H. erhielt 183 Zuschriften. Er sortierte sie aus. Genug blieb übrig: die älteren Damen. Klar, es war ja ein gezielter Gag gewesen, das Alter herunterzuspielen. H. H. wußte, daß die Frauen am meisten unter der (eingebildeten, das glaubte er wirklich) magischen Grenze des Klimakteriums litten. Und dieses Kalkül hatte geklappt. Einige hatten es nicht lassen können, dennoch ein Foto beizufügen, das sie wahrscheinlich wohlkonservierter zeigte, als sie es wirklich waren. Ihm schauderte leicht: wenn die Nicht-Bild-Frauen auch so aussahen wie diese … Aber er überwand sich und suchte die blumigsten Briefe heraus. Natürlich geht mir das total gegen den Strich, dachte er einen Augenblick lang, der dann auch schon gleich wieder vorbei war. Schließlich war dies eine geplante Aktion, und dabei mußten dem persönlichen Geschmack Opfer gebracht werden.

Er beantwortete den ersten Brief schriftlich. Zu telefonieren erforderte die Situationsgewandtheit, von der er noch reichlich an den Tag zu legen hätte. Also hielt er die vorbereitenden ›Arbeitsgänge‹ möglichst knapp und ohne die Anstrengungen, wie sie ihn später noch unweigerlich erwarten würden.

Er traf sich also mit ihr. Sein Outfit war wohlberechnet: nicht als Herr verkleidet, sondern im dezenten Tweed, Rollkragenpullover, Haare nicht etwa frisch geschnitten, sondern schon eine Woche vorher. Kein Eau de toilette, aber Antiperspirant. Konservative Unterwäsche, heißt: kein lasziver Slip. Man konnte ja nie wissen ... Geld locker in einer goldenen Klammer. Falls die Type sehr spießig war, natürlich auch solches in seiner Brieftasche (kein Krokodil, versteht sich). Vielleicht war sie ja auch eine ›Grüne‹. Also: Risikominimierung.

Das Edelcafé, in dem sie sich dann schließlich trafen, war nur schwach besetzt. Er erkannte sie sofort an ihrer Nervosität. Aber im Ganzen war sie eine angenehme Überraschung: fast so groß wie er selbst, sehr schlank (zum Glück, dicke Frauen waren ihm zuwider), keine Blumen, keine Muster, schlichtes Beige von der teuren Designersorte, das Haar dezent dunkelblond gefärbt, kaum Make-up. Man sah ihr an, daß sie Anfang 60 war (ach, wie geübt war er doch im Alterschätzen, das war ihm immer nützlich gewesen). Bestens. Ein naiver Mann hätte sie auf 50 geschätzt. Er fand, das war ein Pluspunkt, denn er legte Wert darauf, daß eine potentielle Begleiterin sein männliches Prestige (Die Umwelt: Was will der mit der Alten?) nicht schmälerte.

Er stellte fest, daß sie leicht zitterte. Er war irritiert, das gab es doch nicht, daß der Erfolg beim ersten Mal schon nahe schien. Sie tranken Tee. Er unterdrückte energisch sein Bedürfnis nach einem scharfen Drink, der ihm die folgenden peinlichen Minuten erleichtern würde. Denn nun mußte er doch mit seinem Beruf, seiner Situation, wie auch immer, herausrücken. Aber sie stellte keine Fragen. Sie saß damenhaft da. *Er* mußte also ›das Wort ergreifen‹. Er hatte sich immer für einen mit allen Wassern gewaschenen ›cleveren Hund‹ gehalten, und nun mußte er erkennen, daß er den Lügen, die nun kommen sollten, nicht gewachsen war. Doch die Flucht nach vorn in die Ehrlichkeit war ihm auch nicht möglich. Aber, wie auch immer, er wollte, er mußte sich sanieren: nicht ohne Investitionen. Die Investition war er selbst.

Sie verzichtete ihrerseits darauf, ihn irgendwie zu beeindrucken. Aber er spürte, daß er ihr gefiel und daß sie sehr einsam war. Er konnte allerdings seine Verblüffung nicht ganz verbergen, als sie vorschlug, sie sollten in ihrer Wohnung noch etwas trinken. Welch ein Leichtsinn, dachte er unwillkürlich, welch ein naives Vertrauen. Er konnte doch ohne weiteres ein Krimineller sein, der eine günstige Gelegenheit auszubaldowern gesonnen war. Aber er widersprach nicht, zeigte allerdings auch keine womöglich Mißtrauen weckende Begeisterung.

Da ihm der Stadtplan wohlvertraut war, identifizierte er die Adresse, die sie dem Taxichauffeur nannte, sofort: die beste, eindeutig exklusive Wohngegend der Stadt.

Die weiße Villa in einem 3000-qm-Grundstück erschreckte ihn dann doch. ›Sie‹ allerdings war ganz und gar nicht verlegen und achtete auch nicht auf ihn. Eine schlechte Beobachterin, das beruhigte. Als sie das Haus betraten, dachte er unwillkürlich: könnte als Fernsehkrimi für einen ›Tatort‹ in gehobenen Kreisen dienen. In Stilfragen kannte er sich aus, also diagnostizierte er sogleich die unverkennbare Handschrift eines hochbezahlten Innenarchitekten.

Sie saßen sich gegenüber, und sie zitterte immer noch leicht. Er konnte es kaum noch mit ansehen. Irgend etwas mußte geschehen. Er fragte nach den Facilities. Sie war offenbar dankbar für die Pause. Das Marmorbad paßte zur übrigen Ausstattung. Warum hatte sie ihn nicht auf die Gästetoilette geschickt? Er öffnete vorsichtig die angrenzende Tür, schließlich konnte man nicht wissen, ob sich irgendwo noch jemand im Hause aufhielt. Es war ihr Schlafzimmer, so elegant wie das übrige Ambiente. Er folgte einem Spontaneinfall, der ihn zunächst vor sich selber schaudern ließ, der sich aber als genial erwies. Als sie, deutlich auf der Suche nach ihm, das Zimmer betrat, lag er nackt auf ihrem Bett und bedachte sie mit verschwenderischen Zärtlichkeiten, als sie sich widerstandslos von ihm entkleiden ließ. Er hatte gewonnen, und er wurde dafür bestraft.

Zunächst jedenfalls. Er hatte sich skrupellos auf seine ihn nie im Stich lassende Potenz verlassen, und er hatte ihre Nervosität zielsicher richtig gedeutet. Sie war eine sinnliche Frau, und sie war ausgehungert nach Körperkontakt. Aber mit einem hatte er nicht gerechnet: daß seine Taktik, sie ganz bewußt zu überrennen, um desto leichteres Spiel mit ihrer finanziellen Ausbeutung zu haben, ihn einholen würde. Denn wider Erwarten genoß er sie und ihr gemeinsames Begehren, er hatte lange keine Frau so genossen.

Nach wenigen Tagen zog er bei ihr ein. Es hatte keinerlei Anstrengung seinerseits bedurft, vielmehr hatte sie ihn auf sanfte Art dingfest gemacht. Seine Taktik war ins Zweifelhafte geraten – mindestens dies, wenn sie nicht schon hinfällig war. Er nahm sich zusammen: schließlich wollte er sich sanieren. Das ging einfach zu schnell, und er wurde von seinen eigenen Gefühlen erheblich irritiert. Er brauchte so gut wie nichts zu tun, um den ursprünglich gewollten und nun eher als peinlich empfundenen Erfolg zu haben. Sie schien zu fühlen, daß er sie brauchte – gerade in dem nicht eingestandenen Sinne –, und ließ ihn wissen, daß eine Ehe durchaus in ihrem Sinne war. Also heirateten sie, ohne daß viele Fragen gestellt wurden und ohne daß sie eine lückenlose Auskunft über sein Vorleben erwartete. Er hatte sich mit ein paar windigen Lügen begnügt. Sie war verliebt, und sie war vertrauensselig. Es schien ihr kaum aufzufallen, daß er, seit er bei ihr lebte, keiner Beschäftigung nachging, von ein paar bestellten Anrufen, die wichtige Geschäfte vorspiegelten, denen er dann aber nicht folgte, abgesehen. Sie vertraute ihm ganz einfach, und als sie ganz korrekt geheiratet hatten (ganz allein, was sie am romantischsten von allen Möglichkeiten fand und was ihn insgeheim sehr beruhigte und konkret von weiteren Vorspiegelungen entlastete), gab sie ihm unbeschränkte Vollmacht. Und er nahm sie an, weil ihm klar war, daß es eine große Schweinerei bedeutet hätte, sie zu enttäuschen oder auch nur das kindliche Vertrauen, das sie in ihn setzte, nicht zu rechtfertigen.

Sie starb vor ihm, ohne jemals erfahren zu haben, daß sie einem potentiellen Betrüger in die Hände gefallen war. Es war ein Herzinfarkt, der ihr langes Leiden ersparte, das seine

Geduld (die seine am wenigsten ausgeprägte Eigenschaft war) auf eine verräterische Probe gestellt hätte.

Diese Geschichte ist nicht erfunden. Der reiche Pensionär hat sie eines Abends aus freien Stücken einer wildfremden Person erzählt – die Person war ich.

Es kommt immer einmal wieder vor, daß Leute von ihrem Über-Ich eingeholt werden – jenem Normensystem, das zwar nicht freie, autonom getroffene Entscheidungen möglich macht, uns aber, weil anerzogen und drillhaft sich meldend, auf den Weg von Ordnung und Recht zurückruft – eine Stimme, der wir mehr aus unreifem Gehorsam folgen als aus wohlreflektierter Selbstbestimmung. Immer wieder geht einmal durch die Gazetten die Nachricht, daß jemand nach vielen Jahren versucht, eine im nachhinein oft lächerlich erscheinende Verfehlung wiedergutzumachen: Da schickt jemand zum Beispiel einen Geldbetrag an eine Verkehrsgesellschaft, weil er vor vielen Jahren einmal ›schwarz‹ gefahren ist – oder beichtet einem Selbstbedienungsgeschäft einen kleinen Fehltritt: Ich habe vor zehn Jahren einmal ein Fläschchen Nagellack mitgenommen. Ich bereue das so sehr.

Was ist mit unserem spät beichtenden Heiratsschwindler und denen geschehen, die spät, oft allzu spät von einer sozial unverträglichen Verhaltensweise eingeholt werden?

Niemand von uns hat ein völlig ungebrochenes Verhältnis zur Wahrheit. Irgendwie prägen sich Verstöße gegen das Aufrichtigkeitsgebot, das in unserem Wertsystem an einer der oberen Stellen steht, dauerhaft ein. Lange sind wir imstande, dergleichen ›wegzustecken‹, aber irgendwann – und dies meist in der Lebensmitte – fängt man an, Bilanz zu ziehen. Und man entdeckt Defizite. Man hat impulsiv gehandelt. Man hat nicht nachgedacht. Man ist spontan Bedürfnissen gefolgt, die im Augenblick gerade jetzt und hier dringend und drängend erschienen. Jetzt, in der Retrospektive sieht das anders aus. Wer war man damals? Wer hat dies getan? Man kann sich mit seinem damaligen ›Selbst‹ nicht mehr identifizieren. Man ist in eine andere Phase des Selbstverständnisses eingetreten. Und nun versucht man, Korrekturen an der damaligen Befindlichkeit anzubringen.

Ist es also charakteristisch, gerade für den ›fortschreitenden‹ Menschen, daß er sich zu immer größerer Ehrlichkeit durchringt?

Nein, solche Entwicklungen sind keineswegs zwangsläufig. Sie zeigen nur, daß unser Selbstbild und unser Selbstverständnis ständig Wandlungen unterworfen sind und daß manche Bedürfnisse, deren wir uns ›eigentlich und rechtzeitig‹ hätten schämen müssen, einen anderen Bedeutungsinhalt bekommen, sofern wir ihnen nur weit genug entrückt sind. Allerdings ist das hier mit seinem sehr individuellen Schicksalsgang Beschriebene nicht vorstellbar ohne eine ganz spezielle Situation, einen in einer Zufallsbegegnung unwiederholbar scheinenden Kontext.

Unser Beinahe-Heiratsschwindler und Erbschleicher hatte das oft untrügliche Gespür des Betrügers für ›seine‹ Chance an den Tag gelegt und zielstrebig verwirklicht.

Unsere Lügen und Betrugsabsichten haben immer einen Adressaten. Durch sein Verhalten reguliert er – wenn er die Täuschungsabsicht nicht durchschaut und vielleicht am effektivsten gerade dann – die Strategie des aktiv Handelnden.

Bei der Erzählung unseres reuigen Fremdlings wurde eben dieses deutlich: Er war über seinen eigenen Schatten gesprungen, hatte ein Begehren in die Tat umgesetzt, das eigentlich gar nicht der Eroberung der in Besitz genommenen Person galt, sondern nur das Bestreben symbolisierte, sie für sehr egoistische Zwecke gefügig zu machen. Und genau dieses ausbeuterisch gemeinte Verhalten ›drehte‹ seine Motivation förmlich um. Er entdeckte, daß er etwas erhielt, mit dem er nicht gerechnet hatte: Hingabe attraktivster Art, Gefühlswärme und ein Anlehnungsbedürfnis, das sich nicht aufdrängte, sondern sich in liebevoller Unaufdringlichkeit manifestierte. Zufall? Ja, und auch wieder nicht – eine rührende Mißinterpretation seiner Form der Zuwendung, die sich allmählich, ohne daß er etwas dagegen tun konnte, von ihrem ausbeuterischen Zweck entfernte. Er wurde nicht mit seinen eigenen Waffen geschlagen, sondern mit echter Entäußerung. Seine eigenen Waffen wurden stumpf. Er erzählte, daß er manchmal nahe daran gewesen sei, sich ihr zu offenbaren und seine ursprünglich unlauteren Absichten zu gestehen, daß er es aber nicht übers Herz gebracht habe. Wobei er ehrlich bekannte, er könne nicht mehr auseinanderhalten, ob ihn nicht doch sein Bedürfnis nach Selbstschutz daran gehindert habe, gerade dies nicht zu tun.

Der alte Mann (denn nun ist er einer) kann jetzt damit leben. Vor der letzten Wahrheit läuft er noch immer davon. Er ist auf der Suche: nach einer Genossin seines Alters, der er eine rührende Geschichte erzählen kann – die sie ihm glaubt. Denn irgendwie ist er der geborene Hochstapler. Das bringt uns auf eine weitere Problematik.

Schauspieler zu sein ist ein wunderbarer Beruf, von den Schattenseiten der Absicherung einer erfolgreichen Karriere abgesehen. Es ist eine Form der Existenzerweiterung, die Möglichkeit, Rollen auszufüllen, die über die eigene Begrenztheit hinausgehen, ein unerhörtes Übersichhinausgreifen.

Wir wollen hier nicht über das Verschwimmen von Grenzen der eigenen Lebensbilder und denen übernommener Leitbilder (nicht Vorbilder) sinnieren. Es geht um die Neigung, nicht zu trennen zwischen dem, was man sein möchte und dem, was man tatsächlich verkörpert. Wir spielen eine Rolle, aber diese Rolle deckt sich nicht mit den tatsächlichen Konturen unserer Existenz, wie sie vor allem die anderen wahrnehmen. Wir tragen also eine Maske, die so fest sitzt, daß niemand sich traut, sie herunterzureißen. Die Umwelt spielt mit und sendet höchstens Signale, denen gegenüber wir uns als zu wenig sensibel erweisen.

Aber gerade auf diese Weise bekommen wir eher Verstärkung in unserem Maskendasein. Unsere Mitmenschen sind entweder zu träge, zu hämisch-ironisch (eine besonders unangenehme Mischung) oder zu feige, um anders zu reagieren.

Christine zum Beispiel war in der Überzeugung befangen, daß sie eine wundervolle Gastgeberin sei, die ihre Gäste stets nach Kräften verwöhnte. Ihr fiel nicht auf, daß ihr Repertoire eher begrenzt und langweilig war. Und sie hatte die Gepflogenheit, bevor sie ihren Gästen das Essen servierte, mit ihnen einen oder auch zwei Aperitifs zu trinken, sich dabei zu verplaudern und dann erschreckt in die Küche zu stürzen, wobei einiges bereits verbrutzelte. So brachte sie regelmäßig entweder halbgare oder aber auch angebrannte Mahlzeiten auf den Tisch, die (weil man die Schwäche der Gastgeberin kannte und sie tolerierte) stets mit ergebenem Kauen und überschwenglichem Lob bedacht wurden. Das Ganze gewann eigentlich nur an Bedeutung für Christines ›Lebenslüge‹, weil sie zu einem Rollenwechsel nie bereit war. Sie hielt an dem Muster fest, zu dem sie, nach ihrer Interpretation, ›angetreten‹ war – sie war Ehe- und Hausfrau und kinderlos und nichts sonst.

Wir haben keinen Affront gegen die ›Nur-Hausfrauen‹-Rollenbeschränkung gestartet, denn das Beispiel ist unschwer austauschbar. Mit anderen Worten: jede Festlegung auf eine Rolle, die man perfekt auszufüllen glaubt, birgt die Gefahr in sich, sie ungeprüft in unser Verhalten dauerhaft zu übernehmen. Christine ist nur eine Spielart der vielen Möglichkeiten, sich über sich selbst zu täuschen.

Nehmen wir zum Beispiel Mario. Er lebt allein, irgendwie, irgendwann hat er den Anschluß verpaßt, wie man so leichthin sagt. Er war schon als Kind scheu gewesen, er stand unter dem Druck eines ziemlich gefühlskalten Vaters, dem die Sensibilität des Jungen ein Dorn im Auge war und der sich selbst vormachte, er sei ein guter Vater, weil er ja ›nur das Beste‹ für ihn wollte. Eine banale Geschichte? Gewiß, und doch wiederum nicht, denn es fehlte, um die Banalität zu komplettieren, nicht an der überbeschützenden Mutter – da haben wir ein klassisches Modell. Es ist ein Zeichen für die mangelnde Lernfähigkeit, die uns alle belastet, daß sich solche Geschichten in unterschiedlichen Kontexten ständig wiederholen. Der autoritäre Vater, die überprotektive Mutter – und heraus kommt das gehemmte Kind. Inzwischen macht sich Unmut breit, wenn dieses Klischee (das in Wirklichkeit gar keines ist, sondern es mutet nur so an) immer wieder präsentiert wird. Die Öffentlichkeit reagiert gereizt, wenn zum Beispiel eben diese Konstellation zur Entlastung eines Sexualstraftäters oder eines anderen Verbrechers dienen soll. Aber über diesem Unmut wird vergessen, daß sie in der Tat sehr oft den Hintergrund für schwere Fehlentwicklungen abgibt. Vor eben diesem Hintergrund profiliert sich gerade die Lebenslüge.

Mario wurde in das Klischee des ›richtigen Mannes‹ gedrängt. Damit mußte er leben – und er lebte schlecht damit. Sein Selbstbewußtsein, sein Ichgefühl, sein Identitätsstreben – all das war gestört, und nicht nur das, es war zu schwach, um die Realität zu ertragen, geschweige denn zu bewältigen. Er floh. Er hatte eine bürgerliche Existenz, die ihn am Leben hielt: Ich bin jemand. Er war Verwaltungsbeamter. Die bescheidene Macht, die ihm damit in die Hand und in eine angenehme Verfügbarkeit gegeben war, ließ zwar viele Wünsche offen, aber sie genügte, um ihm alltägliche Satisfaktion zu bieten. An seinem Schreibtisch fühlte er sich sicher. Seine Vorgesetzten überforderten ihn nicht. Er wurde zum unauffälligen Einzelgänger. Und er war und blieb vorsichtig. Er lud niemals jemanden zu sich nach Hause ein. Eine Putzfrau hatte er nicht. Niemand kontrollierte ihn. Das Hochhaus, in dem er eine völlig unscheinbare, sparsam eingerichtete Zweizimmerwohnung bewohnte, garantierte Anonymität.

Eine wunderbare Einrichtung war der Müllschlucker. Mario achtete streng darauf, daß der Flur menschenleer war, wenn er seine Plastiktüte entsorgte, die Tüte, die die zwei leeren Literflaschen enthielt, die er jeden Abend konsumierte. Er ließ sich nie etwas ins Haus liefern, er kaufte in einem Supermarkt ein, wo ihn niemals jemand wiedererkannte, das heißt wenn er Sorge tragen mußte, daß ein Kassenmensch sich seiner erinnerte, ging er einfach an eine andere Kasse. Er kaufte nie Alkohol allein, sondern immer noch anderes und niemals jene kleinen Fläschchen, die so verdächtig nach einem Säufer aussahen. Schnell einen Hochprozentigen kippen – das war nicht seine Sache. Er trank Wein und mischte ihn mit Mineralwasser, das als gesund galt. Dagegen konnte doch niemand etwas sagen, oder?

Ein Auto besaß er nicht, den Führerschein zu machen, hatte er nach zwei vergeblichen Versuchen aufgegeben. Wozu auch sollte er ihn nötig haben? Zwischen seiner Dienststelle und seiner Wohnung gab es eine ausgezeichnete S-Bahn-Verbindung.

Ab 18 Uhr öffnete er die erste Flasche. Solange sie nicht ausgetrunken war, las er, löste Kreuzworträtsel, beschäftigte sich mit seinem Schachcomputer. Das Telefon war auf Anrufbeantworter geschaltet. Allerdings schnurrte es nur höchst selten. Die paar familiären Bindungen, die er hatte, kamen eigentlich nur an Sonn- und Festtagen zum Tragen, wenn man sich pflichtschuldigst des Erbonkels Mario entsann, der ohnehin nicht viel an materiellen Gütern erwarten ließ. Außerdem war dieser Onkel so eine Art Spielverderber, denn bei Familienfesten, die der feuchten Fröhlichkeit nicht entbehrten, trank er grundsätzlich nur Sprudel. Langweiler.

Der Langweiler indessen ging vom Schachcomputer allabendlich zum Fernsehkonsum über und zur zweiten Flasche, wobei er regelmäßig einschlief, um beim Erwachen – nur um ins Bett überzuwechseln – festzustellen: er wußte nicht mehr, was er angeschaut hatte. Er schlief unruhig, aber er schlief die ersten Stunden wie ein Stein – so wenigstens erlebte er das. Wenn er erwachte, schlief er alsbald wieder ein, und wenn der Wecker sich meldete, war er einigermaßen frisch – der Alkohol war weitgehend abgebaut, er konnte pünktlich im Dienst erscheinen und sich seinem Tagewerk gewachsen zeigen.

Allmählich aber war er gezwungen, die Dosis, die ihn grübelnder Gedanken enthob, zu steigern. Er brauchte einfach mehr, um dieses wohlige Fast-Nirwana zu erreichen, das ihm eine Konfrontation mit sich selbst und seinem eingeschränkten Dasein ersparte. Immer wieder aber tauchte in seinen sich jetzt schneller verwirrenden Gedanken die Erinnerung an die Eltern auf. Er sehnte sich manchmal wie ein kleines Kind nach seiner Mutter, und er rief sich in seinen Tagträumen Erinnerungen an den Vater zurück, die jenen seltsam überhöhten. Er sah vor sich, was ihm seinerzeit Angst und Schrecken eingejagt hatte: die große und grobporige Nase des Vaters, aus der schwarze Borstenhaare lugten, sein streng gescheiteltes dünnes Haar, mit dem er den tonsurartigen Haarschwund mitten auf dem Kopf zu verdecken suchte, der beißende Tabakgeruch, den er ausströmte, das oft verzerrte Gesicht.

Mario hätte nie zugegeben, daß er Alkoholiker war. Im Gegenteil: wenn bei den wenigen Kantinengesprächen, auf die er sich einließ, gelegentlich die Rede auf das Thema Alkohol kam – hier und da hatte jemand mit einem Problem zu kämpfen, dessen Folge der vor den Kollegen nicht zu verbergende Führerscheinentzug war – sprach er streng und förmlich puritanerhaft von oben herab über Leute, die sich nicht unter Kontrolle hatten. Daß seine eigene Kontrolle inzwischen sehr zu wünschen übrig ließ, merkte er nicht oder, wo dies nicht zu ignorieren war, tröstete er sich mit dem Gedanken: »Das kann doch jedem mal passieren«, so, als er mitten in der Nacht bei einem Gang in die Küche feststellte, daß er eine Herdplatte nicht ausgeschaltet hatte. Er zog daraus eine Lehre, fortan kontrollierte er die Wohnung, ehe er ins Bett taumelte und entledigte sich eines Läufers, über den er einmal gestolpert war und sich dabei das Knie aufgeschlagen hatte.

Die Kontrolle funktionierte nicht so perfekt, wie er es sich selbst einredete. Immer öfter vergaß er, das Fernsehgerät abzustellen, wenn ihn der Schlaf übermannte, und der holte ihn auch immer öfter im Sessel sitzend ein. Die Lautstärke des Apparates unterlag Schwankungen, und manchmal schien die Tonstärke die hellhörigen Wände zu durchdringen. Bislang waren seine Nachbarn – ohne daß er je ein Wort mit ihnen gewechselt hätte – junge Leute gewesen, die oft Gäste hatten und selbst mit den üblichen Partygeräuschen feierten. Jetzt wohnte in der Nachbarwohnung jemand anderes, ein einzelner Mann. Es war an seinem Namensschild zu sehen, und es war auch, als er sich auf die nachbarliche Wohnung konzentrierte, zu merken, daß dieser Mensch genau so isoliert lebte wie er selbst.

Er bemerkte nicht, wie das Telefon spät abends läutete. Dann klopfte es an seiner Tür. Es klingelte, die Batterie war notorisch schwach, und jetzt bekam er in seiner Isolation zum ersten Mal mit, daß er schwer zu erreichen war. Aber warum sollte man ihn auch erreichen wollen? Irgendwie formte sich in seinem Hirn die Vorstellung, es sei jemand aus der Vergangenheit. In sein benebeltes Hirn drang die überlaute Musik, die aus dem Fernsehgerät dröhnte. Es klingelte wieder. War es das Telefon? Er schlief wieder ein. Es war eine Art Abrechnung mit allem, womit er er den Vater enttäuscht hatte. Der Vater hob im Traum drohend die Flasche, die er als letzte geleert hatte (es war inzwischen die dritte am Abend), und mit einem Schrei fuhr er auf. Hatte der Vater nur gedroht oder ihn wirklich schlagen wollen?

Jetzt war er so weit zu sich gekommen, daß er erkennen konnte: Es hatte an der Wohnungstür geklingelt. Er taumelte hoch und öffnete, jede Vorsicht, die er sonst an den Tag legte, außer acht lassend.

Draußen stand ein alter Mann. Wer war das? Er hatte ihn nie gesehen. Aber sein Gesicht war wie eine drohende Maske verzerrt, und er hob die Hand, die eine Flasche hielt. Es war sein Vater.

Viele Menschen glauben, sich gegen wachsende Kriminalität, einen unerwarteten Überfall, schützen zu müssen. Mario hatte immer davor zurückgeschreckt, sich eine Waffe anzuschaffen. Er traute sich den Umgang mit einem Revolver oder einer Pistole einfach nicht zu. Aber das allgemeine Gerede über die wachsende Unsicherheit gerade in anonymen Wohnhäusern hatte auch ihn infiziert. Er hatte es eines Tages für eine Art Vorsorge gehalten, auf dem Garderobenschrank neben seiner Eingangstür ein Stilett zu deponieren, das notfalls eine wirksame Gegenwehr möglich machte. Man mußte ja nicht gleich zustechen. – Aber er stach zu, er stach dieses drohende Etwas nieder, das seinem Vater gleichkam. Es war sein Gesicht, seine Gebärde, es war das Traumbild.

Mario, der immer noch betrunken und keineswegs bei vollem klaren Bewußtsein war, tötete den Eindringling mit einem einzigen Stich. Der ›Vater‹ brach zusammen. Der Fall war schwer, laut und blieb trotz der Unachtsamkeit der Wohnmaschine bzw. seiner Bewohner nicht unbemerkt. Türen, von denen Mario nie etwas bemerkt hatte, außer daß sie da waren, öffneten sich plötzlich, und der Zusammenhang zwischen dem, was geschehen war, und dem, was er verursacht hatte, wurde sofort offenkundig.

Es gab einen Zeugen, ein ebenfalls durch die laute Musik gequälter Nachbar, der von dem ›Neuen‹ telefonisch darüber informiert worden war, was jetzt geschehen würde: nämlich den unbelehrbaren unbekannten Nachbarn aufzusuchen, um endlich das Aufhören dieser nervenden Geräuschkulisse zu erreichen. »Gehen Sie doch hin und stellen Sie fest, was los ist. Klingeln Sie an der Tür, und versuchen Sie es mit Freundlichkeit – nehmen Sie eine Flasche mit, vielleicht ist er dann zugänglicher.«

Mario, auf der Stelle festgenommen, ohne Widerstand zu leisten, wie es in den Polizeiberichten regelmäßig heißt, konnte sich nur in gewissen Grenzen erinnern. In der Untersuchungshaft zeigte er keine Entzugserscheinungen, aber er hatte Mitteilungsbedürfnis, überdimensional. Es brach förmlich aus ihm heraus. Und er traf auf einen Gutachter, der sich ernsthaft mit ihm beschäftigte.

Die Exploration, zu der er – über seine Rechte belehrt – nur allzu bereit war, ergab dieses: Mario hatte immer unter dem voneinander scharf abgehobenen Erziehungsstil der Eltern gelitten. Er fand für die Mutter eine für seine eigentliche Kreativität sprechende Bezeichnung: Sie war unser ›Mit-Kind‹. Seine Schwester, acht Jahre älter als er selbst, hatte sich der häuslichen Situation durch eine sehr frühe Heirat, der die Eltern zustimmen mußten, entzogen und den Kontakt zu ihrer Familie vollständig aufgegeben. Die Mutter nahm es hin, der Vater äußerte sich nur verächtlich: typisch unselbständige Frau, hängt sich an ihren Mann, erwartet von ihm alles Heil der Welt. Es wurde vollends deutlich, daß ihn die Tochter nie interessiert hatte und der sensible Sohn zu mehr als nur einem gleichgültigen Appendix geriet, nämlich zu einem ständigen Dorn im Auge. Mario entsann sich vieler Szenen, die er akribisch beschreiben konnte. Man mußte den Eindruck haben, daß er alles in unverblaßten Bildern gespeichert hatte, was der Vater ihm an Erniedrigungen, Kränkungen, Geringschätzung, Verletzungen hatte zufügen wollen. Denn Mario war überzeugt, daß dies Methode hatte und auf echtem Haß beruhte. Mario litt auch darunter, daß er nicht wagte, die schwache, liebevolle Mutter in Schutz zu nehmen, wenn der Vater sie gleichfalls grausam behandelte und das Schicksal verfluchte, das ihn zwang, sein Leben mit dieser unsäglich törichten Frau zu verbringen – denn eine Scheidung kam für den Vater nicht in Betracht. Es wäre dies ja einem Eingeständnis gleichgekommen, daß er eine falsche Wahl getroffen hatte.

Mario hatte nie einen Freund mit nach Hause bringen dürfen, selbst wenn es ihm gelungen wäre, einen Altersgenossen zu bewegen, sich näher auf ihn einzulassen. Er wußte selbst, daß er auf ein eingeschränktes Dasein zusteuerte, und als der Vater, Jahre nach der Mutter endlich, seiner selbst nicht mehr bewußt, einsam in einem Pflegeheim starb, war Mario längst zum Einzelgänger – und zum Alkoholiker geworden. Er hatte den Vater, der ihn nicht mehr erkannte, pflichtgemäß in größeren Abständen besucht und vor diesem Schatten seines ehemaligen Selbst eine neue Art von Angst empfunden: die Unheimlichkeit der Geistesverwirrung, die Abscheulichkeit des auch körperlichen Verfalls, die grausigen Veränderungen des nunmehr Entmachteten, der jedoch seine beklemmende Wirkung unvermindert beibehalten hatte. Als er sich erinnerte, zeigte Mario dem Arzt deutliche Anzeichen der Erregung. Er zitterte, seine Wangen und sein Hals röteten sich unnatürlich – Erlebnisnachklang, der offenbarte: Hier war alles verdrängt und nichts verarbeitet, zugedeckt, ›unter den Teppich gekehrt‹, verdunkelt durch die Lebenslüge des Alkoholikers, der sich nie einzugestehen vermochte, daß er abhängig war und aus eigener Kraft auch nicht von dieser Abhängigkeit loskam, weil die erste Voraussetzung dafür die Selbsterkenntnis gewesen wäre: Ich bin ein Gefangener meiner Sucht, und ich brauche die Sucht als Krücke, weil ich nie gelernt habe, mit der Unbill einer Lebensführung fertigzuwerden, die mich ins Abseits gestellt hat.

Der Gutachter fand heraus, daß Mario Vorgestalten gehabt hatte, Tagträume, Phantasien, die ihm die Rolle des seinerseits Überlegenen, ja, des Omnipotenten vorgegaukelt hatten, in der er schließlich die vermeintliche Repräsentanz der Vaterfigur eliminierte. Er hatte sich in einer katastrophalen ›Endlösung‹ befreit, um noch tiefer in das Gestrüpp seines ungeordneten Inneren zu geraten.

Mario wurde in ein psychiatrisches Krankenhaus eingewiesen und mußte sich einer langen Alkoholtherapie unterziehen. Ihm wurde eine günstige Prognose gestellt, zumal eine der Klinikangestellten eine Beziehung zu ihm aufgenommen und sich bereit erklärt hatte, ihn nach seiner Entlassung zu heiraten.

Die Ärzte und Pfleger hatten sich an ihn als einen stets fügsamen, freundlichen Patienten gewöhnt. Er war ihnen eher sympathisch geworden, als daß sie den professionell üblichen Abstand zu ihm wahrten. Man hatte von der Mitarbeiterin den Eindruck, daß sie eine solide Person war, von akzeptablen Motiven (hilfsbereit, gewillt, einem nicht einfachen Menschen Stütze und Halt zu geben). Den Experten, die ebenfalls für diese Frau Sympathie und Wertschätzung entwickelt hatten, entging, was sie in Wirklichkeit aufwies: einen Helferkomplex, wie ihn sozial bedürftige und scheinbar tüchtige Personen an den Tag legen (wenn man nicht mit Blindheit für dieses Tageslicht geschlagen ist). Die Experten attestierten also: »Wir können ihn entlassen, weil wir viel von der stabilisierenden Funktion der Ehe mit einer warmherzigen und selbstlosen Person erwarten.« Die selbstlose Person (denn das war sie, weil sie in ihrem eigentlichen ›Selbst‹ völlig unsicher war), nur von einem nahezu blinden Selbstaufopferungsdrang erfüllt, kaufte dem frisch gebackenen Ehemann (der sich ihr widerspruchslos gefügt hatte) ein fabrikneues Auto.

Die erste Krise kam sehr bald. Seine Frau erlebte den Tod ihres Vaters und dies in heftiger Verzweiflung. Sie hatte ihrerseits schwere Probleme, nämlich, mit einem solchen Verlust fertig zu werden. Unbewußt hatte sie in ihrem Ehemann den Vater wiedergesucht und ihn nicht gefunden. Er war alles andere als eine Vaterfigur, und er fiel sehr bald in seine alten Verhaltensmuster zurück. Er war weder dauerhaft ›trocken‹, noch konnte er das Zusammenleben mit einer Frau, die natürlich Ansprüche an Kommunikation stellte, aushalten. Was hatte ihm die Therapie ›gebracht‹? So gut wie nichts, es sei denn, eine neue Lebenslüge, die man ihm dieses Mal suggeriert hatte. Seine blauäugigen Therapeuten hatten nicht zu Ende gedacht, sondern sie waren beim Klischee ›Ehe stabilisiert‹ hängengeblieben – sie hatten ihn ganz einfach überschätzt. Aber niemand fühlte sich mitschuldig, als er mit einem erheblichen Alkoholgehalt im Blut sein Auto zu Schrott und sich selbst zu Tode fuhr.

Man sollte denken, die Reflexion über andere Menschen, die den helfenden Berufen angehören, würde auch in bezug auf die eigene Rolle in Gang gesetzt, in einer Form, die dazu verhilft, die eigenen Motive für die Berufswahl zu erkennen und ständig neu zu überdenken. Aber in dem von autoritätsgläubigen Menschen gern blankpolierten Bild zeigen sich Risse und Sprünge.

Helfen heißt eigentlich seinem Sinn nach: dienen. Das, was den Hilfsbedürftigen kennzeichnet, ist ein Defizit, das sich durch kompetente Hilfestellung ausgleichen läßt. Dabei geht es ›eigentlich‹ ausschließlich darum, die Individualität dieser Fehl- und Leerstellen subtil zu diagnostizieren und sie in einem Sinne anzugehen, der dem Betroffenen zur Autonomie verhilft. Dazu muß man die eigene Neigung zu projizieren und vor allem den eigenen Machtanspruch an andere erkennen, kontrollieren, um möglichst wenig davon in die von Sachverstand gesteuerte Kommunikation einfließen zu lassen. Die Situation wird fatal, wenn ein Mensch, der seine Lebenslüge lebt, der nicht weiß, wer er ist, was er sein kann und der sich über seine Substanz täuscht, Bekräftigung seiner Irrtümer erfährt, die ihm ein Helfer zuteil werden läßt, der seine Vorurteile, seine Alltagstheorien, seinen Anspruch, andere zu beherrschen, nicht durchforstet hat und durchschaut – der seine eigene Tendenz, sich über seine Motive zu belügen, nicht erkannt hat.

Ein Durchschnittsrepräsentant seines Fachs, der psychoanalytischen Therapie, war Dr. M., der mit dem überkommenen Berufsethos schwer kollidierte. Er hatte ursprünglich Psychologie studiert, war dann zu einer Zusatzausbildung als Psychoanalytiker zugelassen worden. Er machte die obligatorische Lehranalyse, allerdings bei einem Mann, den er schon während seines Studiums kennengelernt hatte. Die beiden nahmen den Vorgang leicht; von vornherein war ihre Interaktion auf gemeinsame Interessen gerichtet. Beide würden in derselben Stadt praktizieren, und sie verabredeten Zusammenarbeit. Kein Wunder, daß M. von seinem Lehranalytiker nur Bestätigung erfuhr. Darüber hinaus verband sie auch noch eine kumpelige Art von Männerfreundschaft, die sich bewährt hatte: Beide hatten sich gegenseitig glaubhafte Alibis geliefert, als es notwendig wurde, eine Affäre von kurzer Dauer vor der betroffenen Ehefrau zu kaschieren. Die Qualität der künftigen Kooperation war also vorprogrammiert.

Eine alte Freundin, die M. durchschaut hatte und sich bei der Vorstellung entsetzte, er solle problembeladene Patienten behandeln, und ihn dies wissen ließ, stieß auf beleidigtes und ungeheucheltes Erstaunen, als sie ihm rundheraus ihre subjektive Wahrheit nicht vorenthielt: »Du hast dich überhaupt nicht verändert – eigentlich hast du denselben schlechten Charakter wie vorher, nur daß du jetzt auch noch stolz auf ihn bist!« Sie hörte nie wieder etwas von ihm, das sicherste

Zeichen, daß es ihr nicht gelungen war, seinen Narzißmus auch nur im geringsten in Richtung Selbstreflexion zu lenken.

Selbstverständlich hatte M. gelernt, was es mit den Begriffen ›Übertragung‹ und ›Gegenübertragung‹ auf sich hatte. Am guten Gedächtnis lag es nicht, denn er kannte die klassischen Formulierungen und die Originalvorlesung von Freud sehr genau: »... man erkennt als Ursache der Störungen (zwischen Patient und Arzt), daß der Patient intensive zärtliche Gefühle auf den Arzt übertragen hat, zu denen ihn weder das Benehmen des Arztes noch die in der Kur entstandene Beziehung berechtigt.«

M. war ein sinnlicher Mann, er war nicht unerfahren und hatte stets, leicht und ohne Widerstand zu erleben, sexuelle Beziehungen anknüpfen können. Frauen machten es ihm nicht schwer. Allerdings war das Ende nie ganz unproblematisch, weil er das ›Aus‹-Zeichen ziemlich brutal signalisierte und einfach aus dem Leben einer Frau, die im Sinne hatte, ihn in irgendeiner Form dingfest zu machen, von heute auf morgen verschwand, ohne weitere Erklärungen abzugeben.

Das war bisher immer relativ gutgegangen, sein Gewissen hatte dies nicht empfindlich tangiert, und auch seine im Alltagstrott müde gewordene Ehe stellte kein wesentliches Hindernis dar, er kam auf seine Kosten. Seine Praxis entwickelte sich schnell und brachte den erhofften materiellen Gewinn – in beträchtlicher, nicht vorhergesehener Höhe. M. investierte auch in sein Äußeres: Designeroutfit und ein strahlendes Gebiß. Die ersten zwei Jahre hielt er sich an die Regeln, die sein Berufsstand ihm strikt setzte. Patientinnen waren ›tabu‹. Anfällig war er zwar für einen bestimmten Typ, aber er gab einem flüchtig auftauchenden Begehren nie nach, legte noch nicht einmal einer attraktiven Patientin flüchtig die Hand auf die Schulter. Bis es dann doch geschah. Die Patientin war eine schüchterne Kindergärtnerin, eine Person ohne Konturen, die unter unbestimmten Ängsten litt und in ihrer Hilflosigkeit ein verführerisches Objekt darstellte: süß, weich, blond, zerfließend.

Sie wurde eine gefügige Beute. Als er sie nahm, wußte er ganz genau, was er tat. Das Problem war einzig, sie wieder auf folgenlose Art loszuwerden. Es stellte sich bald heraus, daß sie ihm verfallen, ihm hörig war. Sie war wie ein Hündchen und infolgedessen eine Bedrohung. Er konnte niemanden ertragen, der ihm hinterherlief.

M. nahm ein Ende, das mit seinem Narzißmus und seiner Egomanie nichts zu tun hatte. Er wurde das Opfer eines Raubmordes. Der Täter machte von seinem Aussageverweigerungsrecht Gebrauch, und so wurde eine umfängliche Beweisaufnahme erforderlich. Bemerkenswert die Zeugenaussagen. Folgerichtigerweise wurde M.s Privatleben durchleuchtet. Man brauchte seinen ärztlichen Partner, man brauchte seine Geliebte als Zeugen. Bei der Hauptverhandlung sagte sein Berufspartner erst nach der Geliebten aus, die als vernommene Zeugin im Saal belassen wurde und ihr Anwesenheitsrecht, sichtlich erschöpft, wahrnahm. Der ärztliche Kollege des Ermordeten kannte ihn ersichtlich gut. Er schien einigermaßen aufrichtig und konnte die Art der Beziehung zu seiner Freundin plastisch mit den eigenen Worten des toten Freundes charakterisieren: »Er sagte einmal beiläufig zu mir: Sie hat ungefähr die Bedeutung meiner Kaffeemaschine für mich – nützlich und praktisch – nur mit dem Unterschied, daß die Maschine stumm ist und kein dummes Zeug blubbert ...« Es entstand Bewegung in der Zuhörerbank, die Geliebte war zusammengebrochen.

Begegnung mit der letzten, der tödlichen Wahrheit

Bericht zu Beginn der beruflichen Laufbahn eines Arztes[1]*:*

Originaldiktat:

Ja, also wie ich schon in unserem ersten Gespräch vereinbarte, werde ich jetzt mal versuchen, meine schon fast sieben Jahre zurückliegende, aber sich für mich noch etliche Zeit begleitende Begegnung und Umgang mit einem damals etwa vier Jahre älteren Sterbenden zu schildern. Es ist sicherlich so, daß meine Eindrücke damals vielleicht etwas unterschiedlich sind von dem, was ich Ihnen jetzt erzähle, da natürlich etliche Reflexionen und auch viele Erfahrungen in den folgenden Jahren mit Sterbenden dazugekommen sind. Aber vielleicht krieg' ich es ja hin, daß ich es so ein bißchen klarmache, wie mir das in dieser Situation gegangen ist und wie sich das auf meinen weiteren beruflichen Werdegang ausgewirkt hat.

Ich wollte erst einmal zunächst von mir ein bißchen was erzählen. Also ich bin heute, 1997, 32 Jahre alt, arbeite in einer Internistischen Klinik, die allgemeine innere Medizin betreibt mit einem Schwerpunkt im hämato-onkologischen Bereich. Die zu schildernde Begegnung war jedoch in der Radiologischen Klinik unseres Hauses, in der ich zu diesem Zeitpunkt als Arzt im Praktikum beschäftigt war. Die Radiologische Klinik hat ihren Schwerpunkt in der Behandlung solider Tumore; es werden dort sowohl Strahlen- als auch Chemotherapien verabreicht. Die Patienten, die auf den Sta-

1 aus der von mir an der TU Braunschweig betreuten Diplomarbeit (Psychologie) (unveröffentlicht) von Christine Michael: »Sterben – Tod und Sterbebegleitung im klinisch-stationären Bereich« (1997)

tionen behandelt werden, liegen vom Altersschnitt zwischen Anfang 20 und Mitte 80.

Ich war in der ersten Phase meines Arztpraktikumdaseins in einer Klinik angestellt, in der ich auch jetzt beschäftigt bin, hatte auch da sicherlich schon einige Eindrücke über Sterbende im Krankenhaus und Umgang mit sterbenden Menschen gehabt in den ersten neun Monaten. Aber das, was man dann tagtäglich in der Radiologischen Klinik erlebt, war doch deutlich anders von dem, was bis dahin um mich herum geschehen war.

Zum Zeitpunkt des ersten Kontaktes zu dem jungen Mann hatte ich mich auf der Station schon recht gut eingearbeitet, war schon etwa viereinhalb Monate da, kannte doch schon viele Gepflogenheiten im reinen Stationsablauf und war mittlerweile auch von den Patienten, die regelmäßig immer wieder vorgestellt wurden, ganz gut angenommen worden, was bei Chemotherapiepatienten, die häufig auf den Behandler sehr fixiert sind, bei Arztwechsel auf solch einer Station gar nicht so selbstverständlich ist und manchmal auch nicht so einfach.

Dieser junge Mann wurde aus einem kleineren Krankenhaus in unserer Klinik vorgestellt. Die Vorgeschichte von ihm will ich eigentlich nur ganz kurz fassen. Es war so, daß er eine Lymphknotenschwellung bei sich selber entdeckt hatte, erst in der Leiste, dann am Hals. Es war im auswärtigen Krankenhaus dann eine Computertomografie vom Bauch- und Brustraum durchgeführt worden, es zeigten sich da alle Lymphknotenstationen vergrößert. Nach einer Probeentnahme fand sich dann der Befund einer ausgedehnten Metastasierung eines soliden Tumors.

Dieser Patient wurde mit der zweimaligen Gabe eines höchst aggressiven Chemotherapieregimes behandelt, welches beim ersten Mal zu beinahe lebensbedrohlichen Nebenwirkungen geführt hatte. Aufgrund des Nichtansprechens auf diese Behandlung wurde der Mann mit der recht üblichen und wohlbekannten Formulierung ›Wir sollten eine Strahlenbehandlung in einem wohnortnahen Krankenhaus durchführen‹ letztendlich eigentlich zu uns abgeschoben. Bestrahlt werden sollte ein vermeintlicher Primärtumor im Bereich der rechten Lunge, der dazu führte, daß große Wasseransammlungen unterhalb der rechten Lunge dem Patienten das Atmen erheblich erschwerten.

Meine erste Begegnung mit ihm war schon gleich für mich ein ziemlicher Schock, wenn ich ehrlich bin, auch so im Rückblick, damals auch schon, aber so im Rückblick trotzdem immer noch. Er wurde mir also angekündigt vom Oberarzt, und es wurden mir auch Unterlagen mitgegeben, wie weit es bisher mit der Behandlung stand. Mir gegenüber saß dann plötzlich im Arztzimmer, dorthin wollte der Patient von sich aus mit mir hingehen, ein großer, kräftiger Mann, der von seiner Erkrankung sicherlich schon deutlich gekennzeichnet war und von dem man den Eindruck hatte, er hat eigentlich gar nichts begriffen von den Dingen, die bisher mit ihm passiert waren. Also dieser große Kerl setzte sich mir gegenüber und fing an zu erzählen, ohne daß ich überhaupt zu Wort kam erst, und ohne daß ich eigentlich dieses Gespräch in irgendeiner Form einleiten konnte. Er setzte sich also mir gegenüber hin und erzählte mir, daß er nach vielen Mühen auf dem zweiten Bildungsweg das Abitur gemacht hätte, danach Lehramt studiert hatte, als Lehrer keinen Job gefunden hatte, erneut in Abendschulkursen dann sich im Bereich Managementtraining weitergebildet hatte und vor etwa einem Jahr eine Anstellung erreicht hatte. Er hatte mittlerweile eine Familie gegründet, eine kleine Tochter war da, die war zwei Jahre alt zum Zeitpunkt der Erkrankung, und als er sich bei uns vorstellte, zweieinhalb etwa, exakt in dem Alter, in dem sich auch unser erster Sohn befand. Es wurde daraufhin von ihm aufgrund der guten Verdienstlage auch ein Haus erworben, und je mehr dieser Mann mir erzählte, desto mehr dachte ich eigentlich, dem geht's genauso vom Entwicklungsstand her so wie dir eigentlich. Bis dahin war das Gespräch auch noch sehr erträglich, eigentlich eher sehr interessant. Man lernte jemanden kennen, den man bis dahin nur von der Aktenlage her kannte und auch beurteilen konnte.

Aber dann passierte etwas, was ich eigentlich bis dahin von den Patienten noch nie erlebt hatte. Der Mann saß mit geballten Fäusten vor mir und fing plötzlich an zu schreien »Ich will noch leben, ich will noch leben«, und das mehrmals, in einer irren Lautstärke, sackte mit dem Kopf und dem ganzen Oberkörper in sich zusammen, fing an zu weinen und sagte: »Das kann doch nicht alles gewesen sein, dafür habe ich mich doch nicht gequält die ganze Zeit. Ich will kämpfen, Herr Doktor, Sie müssen mir helfen, wir müssen diese Erkrankung besiegen, ich bin bereit alles dafür zu opfern, mein ganzes Geld dafür zu geben. Ich mache alles mit, nur helfen Sie mir.« In der Situation hat's mich wirklich derart große Beherrschung gekostet, nicht wirklich vor ihm sitzend mitzuweinen; das war sicherlich aus so im Rückblick einer der schwersten Augenblicke in meinem bisherigen Berufsleben. Auch im Nachhinein denke ich schon, daß es in dieser Situation wichtig war, daß der behandelnde Doktor halt nicht anfängt mitzuweinen. Auch wenn man darüber geteilter Meinung sein kann, aber ich denk' schon, daß ein Patient, der offensichtlich bis dahin gar nichts begriffen hatte und der vielleicht auch nur zum Teil aufgeklärt war, einen ziemlichen Schock erlitten hätte, wenn der ihn in Zukunft behandelnde Doktor vor ihm sitzt und angesichts seiner Geschichte und seiner Diagnose plötzlich anfängt zu weinen. Ich glaub' es gibt wenige Patienten, die das einfach so tolerieren, ohne dann in sich zusammenbrechen oder ohne das Vertrauen zu dem Behandler zu verlieren.

Nach dem Gespräch mit diesem Patienten war ich fix und fertig. Als ich nach Hause kam, guckte meine Frau mich nur an und fragte, ob irgend etwas Schlimmes passiert wäre in der Klinik und ich war ehrlich gesagt in der ersten Situation gar nicht so recht in der Lage, das überhaupt zu berichten und überhaupt wiederzugeben, weil mich das Ganze noch so geschockt hatte, daß also mir abends immer noch der Kloß im Hals hing und das Wasser in den Augen stand. Sicherlich auch, weil ich irgendwie mich immer wieder fragte, wie ich mich wohl verhalten würde in so 'ner Situation, wenn mir jetzt jemand sagen würde »das war's«.

Die nächsten Tage in der Klinik waren dann geprägt von dem üblichen diagnostischen Betrieb bei diesem Mann, was ihn natürlich zum einen erst mal ein bißchen ablenkte, aber irgendwann am fünften Tag kam dann halt die Frage, wie geht's weiter, was machen wir jetzt. Er war insgesamt immer noch sehr, sehr ausweichend, hatte Berichte von allen möglichen neueren Therapien in den USA, die vielleicht angewandt werden könnten, dabei und wollte solche Dinge besprechen, beteuerte auch immer wieder seine Bereitschaft, viel Geld aufzuwenden und alles Ersparte aufs Spiel zu setzen, nur damit er gesund werden würde.

Nach einem Gespräch mit seiner Frau, die ich allerdings dazu mehrfach einladen mußte, wurde mir klar, daß auch die noch nicht so furchtbar viel verstanden hatte, wie es eigentlich mit ihrem Mann bergab ging – der hatte zwar das Gefühl, daß es ihm insgesamt viel schlechter ging als noch die Wochen vorher –, aber hatte die Gedanken an ein mögliches Versterben ihres Mannes noch nicht zugelassen, in überhaupt gar keiner Weise. Sie erzählte mir dann halt viel über den Umgang mit der Tochter, in der vor uns behandelnden Klinik hatte man offensichtlich mehrfach darauf hingewiesen, daß man das Kind in der Phase nach der Chemotherapie von dem Vater fernhalten sollte, weil es da ein mögliches Ansteckungsrisiko geben könne – das fand ich insgesamt die größte Katastrophe, denn ein Kind in dem Alter kriegt schon einiges mit und kann sicherlich auch vieles behalten. Ich hab' die Frau dann gebeten, das Kind möglichst an den Wochenenden so oft wie möglich zu ihrem Mann zu lassen und das Kind sogar mit in die Klinik zu bringen, weil es sicherlich so ist, daß das Kind sich sonst unter Umständen mit die Schuld dran gegeben hätte, daß der Vater verstorben ist; wenn man ihm vorher erzählt, Papa wird krank, dadurch daß du bei ihm bist, und er hinterher stirbt, ist es ja eigentlich für das Mädchen unter Umständen keine Frage, wer an dem Tod schuld ist. Das klappte wohl auch ganz gut, und dieser Punkt ließ sich eigentlich auch mit ihm besprechen, daß man halt zusieht, daß ein möglichst enger Kontakt zu dem Mädchen wieder gesucht wird und daß es nicht so weggeschlossen wird, damit keine Probleme in Zukunft auftauchen.

Als die Bestrahlungsbehandlung anlief, parallel dazu leider auch die Abstände, in denen man das Wasser aus der Lunge abpunktieren mußte, immer kürzer wurden, wechselten unsere Gesprächsthemen während der Visite, je kürzer die Zeiträume zwischen den einzelnen Punktionen wurden, plötzlich. Er erzählte mir viel von sich, viel von seinen Hobbys, von Bekanntschaften, die er hatte, von seinem Familienleben, gar nicht mehr so viel Dinge über die Therapie, er fragte auch nicht mehr so viel über die Therapie. Auch diese Dinge, die mit Amerika zu tun hatten, gerieten mehr und mehr in den Hintergrund, und er ließ es auch zu, daß man, wenn so ein Gedanke noch mal durchkam, ihm doch schon versuchte, oder ich zumindest ihm doch versuchte klarzumachen, daß unter Umständen die finanzielle Belastung, die er da auf sich nimmt, für einen doch erheblich fragwürdigen Therapieerfolg, nicht im Sinne seiner Familie sein könnte.

Eines Nachmittags nach so einer Punktion, wo ich ihm wieder fünf Liter Wasser aus der Lunge abpunktiert hatte, was er jedes Mal recht gut vertrug und wodurch er eine erhebliche Erleichterung verspürte, es war ein heißer Sommernachmittag, wir hatten vorher bei der Visite drüber gesprochen, da hatte er so einen fürchterlichen Durst, da haben wir unsere Lieblingsgetränke so besprochen, und da sagte ich zu ihm, na ja, hier so im Dienst – ein Alster wäre jetzt nicht schlecht, aber das geht natürlich nicht. Und plötzlich nach dieser Punktion guckt der Mann mich an und sagt zu mir »Haben Sie ein bißchen Zeit, ich hab' alles da«, und ich frag »Wie, alles da«, »Ja, ich hab' alkoholfreies Bier und ich habe Zitronenbrause«. Ich hatte noch so ein paar Kleinigkeiten auf der Station zu erledigen, hab' dann zu ihm gesagt, ich komm' gleich, Sie können ja schon mal mischen, und bin dann wieder zu ihm hin. Und dann haben wir also nach Feierabend bestimmt noch anderthalb Stunden zusammengesessen, und er hat erzählt, ab und an ich mal so'n bißchen, aber vorwiegend er. Und irgendwann kam das Thema auf Segelfliegen und er berichtete mir, daß Segelfliegen halt sein großes Hobby wäre, daß er dabei aber auch etwas erlebt hätte, was ihn lange Zeit sehr mitgenommen hätte und beeindruckt hätte. Das wäre nämlich bei einem Flug auf einem Flugplatz, wo auch Fallschirmspringer starteten, da wäre es dazu gekommen, daß ein Fallschirmspringer wohl so in 3000 Meter Höhe versucht hatte den Fallschirm zu öffnen, aber das ist nicht gelungen. Und er sagte mir dann, wie er das Schreien dieses Menschen von 3000 Meter Höhe bis zum Aufschlag auf den Boden gehört hätte, daß das seine erste Begegnung mit dem Tod gewesen wäre. Er hat danach noch eine ganze Zeit über das Sterben gesprochen, hat aber nie aktiv den Zusammenhang zwischen ihm und Sterben gesucht, aber ich denke schon, daß dies Gespräch ein Signal war und auch, wenn man es rückwirkend sieht, der richtige Zeitpunkt für ihn war – er ist nämlich relativ rasch nach diesem Gespräch verstorben, es waren etwa noch 14 Tage – klarzumachen, ich hab's verstanden, was du mir die ganze Zeit sagen wolltest; aber er hatte da offensichtlich seine eigene Art. Von dem Tag an jedenfalls war es alles ganz, ganz leicht mit ihm, vom Umgehen her. Wir haben eigentlich miteinander dann so geredet, wie, ja gute Freunde jeden Tag so'n bißchen was sich erzählen, was nun war und wie's zu Hause war, und er hat von den Wochenenden berichtet, die allerdings für ihn so waren, daß man Freitagnachmittag Flüssigkeit abpunktiert hatte aus der Lunge und Samstagabend kam der arme Kerl schon wieder keuchend an, weil fünf, sechs Liter schon wieder nachgelaufen waren in dieser kurzen Zeit.

Vierzehn Tage nach unserem Gespräch ist er dann einfach gestorben. Ohne großes Aufbäumen, ohne große Gegenwehr – so nach außen zu erkennen. Er wirkte einfach nur ausgezehrt vom Tumor und nicht resignierend, aber den Verlauf jetzt dann doch akzeptierend. Er hatte mir dann irgendwann, ich glaub' es waren drei oder vier Tage vor seinem Tod, noch gesagt, daß das Schlimmste für ihn eigentlich wäre, daß er die Einschulung seiner Tochter nicht erleben könnte, und daß er mit der noch gern so viel Spaß gehabt hätte und ihr so viel gezeigt hätte, und daß das der größte Einschnitt in seinem Leben wäre, dieses Bewußtsein, daß er ihr das alles nicht geben könnte. Mit seiner Frau selbst habe ich noch zweimal gesprochen, einmal nach unserem gemeinsamen alkoholfreien Alster. Der Frau gegenüber hat er selber wohl nie so richtig klargemacht, jedenfalls war das aus ihren Worten zu entnehmen, daß er an und für sich jetzt den weiteren Verlauf und das weitere Sterben akzeptiert hatte. Sie sagte nur, er wirkte insgesamt zufriedener zu Hause an den Wochenenden, nach unserem Gespräch, und hätte jetzt wieder guten Kontakt zu seiner Tochter gefunden. Er hatte wohl dann in den letzten Wochen auch mit seiner Frau viele Dinge noch besprochen, die zu regeln waren, so daß die Ehefrau selber an seinem Todestag relativ gefaßt war.

Für mich selbst war diese ganze Begegnung mit ihm, wie er sich verhalten hat, wie er sich gewandelt hat während dieser etwa fünfeinhalb Wochen, die er bei uns gelegen hat, das war zutiefst beeindruckend. Also so hab' ich das vorher, auch in der Medizinischen Klinik, wo wir an und für sich auch einen sehr jungen Patienten hatten, der war siebzehn, nicht erlebt. Dieser Siebzehnjährige, der hat einfach nur die ganze Zeit gekämpft und die ganze Zeit stand er völlig »unter Strom«. Und dieser doch erfahrenere Mann, also ich denk', der war so Anfang Dreißig zu der Zeit, wo wir uns getroffen haben, der zeigte eine Art so im Umgehen mit Krankheit und kommendem Tod, das war wirklich beeindruckend. Speziell dieses Zusammentreffen, natürlich sicherlich auch die Schilderung von vielen Tumorkranken gerade in der Radiologischen Klinik, haben sicherlich mein Leben selber, oder meine Einstellung zum Leben, meine Planung, was man im Leben anstellen sollte, was wichtig ist, was unwichtig ist, ganz entschieden geprägt. Ich denk' schon, daß ich seit der Zeit, die ich da in der Klinik verbracht habe, sicherlich ernster bin als viele andere Mitschüler von mir, die nicht gerade Medizin studiert haben, die meinetwegen Ingenieure sind oder ähnliches. Auf der anderen Seite fällt's mir seit der Zeit auch leichter, einzuordnen, was ich selber als wichtig und nicht wichtig empfinde. Das sind ganz entscheidende Dinge, finde ich. Ich hab's beispielsweise mit Absicht vermieden, diese typische Lebensversicherungsstruktur an den Tag zu legen, die viele von meinen Patienten hatten – offensichtlich mit dem 65. Lebensjahr mußte die Lebensversicherung fällig werden – und viele beklagten sich dann halt darüber, daß das Tumorleiden dann doch einen ganz dicken Strich durch die Rechnung gemacht hat. Insgesamt ist es sicherlich so, daß ich ernster geworden bin seit der Zeit, aber auf der anderen Seite kann ich mich viel mehr an Kleinigkeiten freuen, die einfach so tagtäglich – wir haben nun mittlerweile drei Kinder – natürlich zuhauf da sind, und das sind einfach Sachen, die sind für mich wichtig, das mitzuerleben, weil ich halt, nun ja, aus unglaublich vielen Beispielen mittlerweile weiß, wie schnell selbst in jungen Jahren halt so 'ne sorglose Zeit vorbeigehen kann, und das sicherlich auch mitgenommen habe aus dem Gespräch mit diesem Mann, daß man sein Leben nicht in großen Zügen vorplanen kann und daß man halt nicht selbstverständlich davon ausgehen kann, daß man fünfzig, sechzig, siebzig Jahre alt wird, sondern eigentlich zusehen sollte, für mein Empfinden jedenfalls, daß man in der Zeit, wo man jetzt grade lebt, zufrieden ist und immer zumindest das Gefühl hat, zu wissen, was jetzt grade wichtig ist und was nicht so wichtig ist. Es gibt sicherlich ein paar Sachen, die kann man verschieben auf später, aber man sollte nicht, oder ich werde jedenfalls nicht so leben, daß ich wie beispielsweise meine Eltern, mich darauf zurückziehe, daß ab Rentenalter oder ab einem Lebensabschnitt dann Lebensumstände eintreten, wo ich zufriedener mit bin als im Augenblick.

Ich denke, das ist sicherlich so eine der Hauptauswirkungen, die aber fast schon allein aus dem Gespräch mit diesem jüngeren Patienten und dem Zusammenerleben seines Sterbens bei mir zurückgeblieben sind. Mein Umgang mit anderen Patienten in den Folgejahren oder auch noch in der jetzigen Zeit ist wahrscheinlich offener geworden, denke ich, durch diese ganze Situation. Ich denk', ich kann seit dieser

Erfahrung und seit dieser anfänglich sicherlich mit vielen Ängsten, auch von meiner Seite, beladenen Situation, die dann aber doch eigentlich ganz prima geklappt hat so insgesamt. Also er war, denk' ich, zufrieden mit dem Weg, den er dann gegangen ist, und ich war eigentlich ganz zufrieden mit meiner Begleitung so am Rand, die ich da geben konnte. Ich denk', dadurch bin ich etwas sicherer geworden im Gespräch, im Umgang mit schwerkranken oder mit sterbenden Menschen. Ich denk', wichtig ist für mich in solchen Situationen, daß man einfach unverkrampft mit diesen Leuten spricht. Da sind durchaus Menschen, die weiterhin ganz banale Dinge auch mal besprechen möchten, die nicht immer nur Krankheit hören wollen, die nicht immer nur die Frage hören wollen, reichen die Schmerzmittel aus, sondern die einfach auch mal 'ne ganz normale Thematik besprechen wollen. Ob das nun augenblickliche Politik, Börsenkurse oder sonstige Dinge ihrer normalen Interessenwelt sind, das sind alles Themen, die man mit diesen Menschen ganz problemlos und ganz ohne Zwang und ganz ohne schlechtes Gewissen besprechen kann.

Viele meiner Kollegen, denke ich, haben da Hemmungen, das zu tun, weil sie es für zu banal betrachten, solche Gespräche in diesen Situationen. Ich hab' festgestellt, daß man, wenn man Sterbende als ganz gewöhnliche Zeitgenossen akzeptiert und anfaßt, daß man dann mit ihnen keine Probleme hat, daß es einfach Menschen sind, die zum eigenen Leben dazugehören, weil's halt im Berufsleben oder sicherlich auch fürs Berufsleben etwas überlappend den privaten Bereich beeinflußt und einen Teil darstellt, und daß andersrum die Patienten auf der anderen Seite einem auch durch ihre dann viel größere Gesprächsbereitschaft zeigen, daß sie eigentlich erleichtert sind, daß mal jemand wieder so mit ihnen redet. Denn viele Angehörige kriegen eigentlich auch kein Wort mehr 'raus am Bett von jemand, dem es wirklich schlechtgeht oder von dem man weiß, daß er nicht so furchtbar lange zu leben hat.

Ich hoffe, daß Ihnen das Diktat, so meine Empfindungen –

das ist eigentlich ein ganz schön weit drin liegendes Stück von mir, was so ganz furchtbar viel Leute eigentlich gar nicht kennen – daß Ihnen das beim Gelingen Ihrer Arbeit hilft, so weit gehen in der Hoffnung, daß das in irgend 'ner Form im Krankenhausalltag oder im Sterbealltag unserer Gesellschaft was ändert, will ich gar nicht, dazu, denk' ich, sind wahrscheinlich meine Empfindungen und Dinge, die ich Ihnen geschildert habe, für den Gesamtkomplex viel zu unbedeutend, aber vielleicht würde der eine oder andere, wenn er mal ein bißchen ehrlicher ist, in der Schilderung seiner Ängste auch als Behandler so untereinander dann auch sagen, Mensch mir geht's genauso, und, wie hat denn das bei dir geklappt, und, kommst du jetzt so besser klar, aber das sind Themen, die werden ausgeklammert, da spricht man nicht drüber. Das sind Dinge, da wird zwar mal bestätigt, daß es ein bedrückendes Gefühl ist, wenn junge Patienten sterben, aber das wird banal zusammengefaßt mit dem Ausdruck, die Einschläge kommen dichter, ohne daß man das Gefühl hat, daß da jemand wirklich tiefere Gedanken dran verschwendet.

Interpretation

Dr. M. hat durch die frühe, sicher nicht alltägliche Konfrontation mit einem unheilbar Kranken die Möglichkeit bekommen, seinen Standpunkt zur Sterbebegleitung zu entwickeln.

In dieser Schilderung wird deutlich, daß nicht nur die fachliche Kompetenz gefordert wird, sondern ein großer Anspruch an die Beziehungsfähigkeit des Begleiters gestellt wird. Dr. M. schildert es damit, daß er nur zuhört und über sich wenig zu sagen ist. Seine Lebensumstände sind in diesen Gesprächen nicht vordergründig. Der Begleiter erkennt die Probleme und unterstützt die Lösungsansätze, die der Patient vorgibt, indem er den Kontakt zur Tochter wiederherstellt und es ermöglicht, diesen aufrechtzuerhalten. Dr. M. läßt sich persönlich auf die Bedürfnisse des Betroffenen und auf Nähe ein. Er verläßt die Klinikstruktur und trinkt mit dem Patienten das von ihm gewünschte und organisierte ›Alster‹.

In der Reflexion zieht Dr. M. das Fazit, daß jeder Kranke nicht ausschließlich das Bedürfnis und den Anspruch an das ärztliche Hilfsangebot hat, sondern auch die Leichtigkeit des Alltags mit dem Begleiter erleben möchte. Wie er sagt, wird dies deutlich durch Gespräche über Politik, Börsenberichte usw. Für ihn ist es eine wichtige Erkenntnis und erleichtert ihm den Umgang mit Sterbenden.

Deutlich kommt der Wunsch nach Enttabuisierung dieses Themas, hier im besonderen unter Berücksichtigung der emotionalen Belastung der Behandler/Begleiter, zum Ausdruck. Dies zeigt die Notwendigkeit eines Supervisionsangebotes, um Belastungen und Übertragungen bearbeiten zu können.

Bericht einer Krankenschwester mit fünfjähriger Berufserfahrung

Orginaldiktat: Ich habe seit 1990 auf einer onkologischen internistischen Station gearbeitet. Ich habe diesen Job mit sehr viel Freude und Enthusiasmus ausgeübt und eigentlich bis zu dem Zeitpunkt, wo sich eine Geschichte zugetragen hat, wo sich mein ganzes Bild in der Pflege bzw. meine Denkweise eigentlich verändert hat. Vor zwei Jahren, als eine Patientin zu uns auf die Onkologische Station kam, wo man ein Mamma-Ca. festgestellt hatte, den Primärtumor aber nicht gefunden hat. Diese Patientin ist eigentlich sehr euphorisch gewesen, sie hat sich mit ihrer Situation sehr gut abfinden können, weil sie eigentlich immer davon ausging, daß, ja sie mit diesem Krebs halt noch über Jahre leben konnte. Gut, das war es eigentlich dazu. Dann hat sich der Zustand dieser Patientin immer mehr und mehr eigentlich verändert, und ich wußte, daß sie ungefähr ein halbes Jahr später, als sie auf diese Station kam, wußte ich, daß diese Patientin eigentlich das letzte Mal auf diese Station kommen würde. So, an diesem

Tag hatte ich also Spätdienst, und als ich frühmorgens auf Station kam, ich war eine Viertelstunde vor Dienstbeginn dagewesen, kam jemand zu mir und sagte, daß es dieser Patientin in Zimmer 9 also sehr sehr schlechtging. Daraufhin bin ich gleich hin und hatte also erkannt, daß diese Patientin in einem sehr sehr schlechten Zustand war und schon eigentlich für mich, was ich so mit, ja, begreifen konnte, daß diese Patientin langsam ins Leberkoma abrutschte. Daraufhin habe ich den Stationsarzt bzw. unseren damaligen Arzt im Praktikum halt darüber informiert über diesen Zustand, daß er jetzt also bitte in dieses Zimmer zu gehen hatte, um dieser Patientin jetzt irgend 'ne Anweisung halt zu geben, daß ihre Schmerzen halt gelindert wurden. So, daraufhin geschah eigentlich nichts. Die Patientin hat also innerhalb dieser Zeit, es war schon eine halbe Stunde vergangen, diese Patientin lag also immer mehr und mehr eigentlich in ihren Schmerzen und keiner dieser Leute war also in der Lage halt zu handeln. Daraufhin bin ich rübergegangen zum Chefarzt, weil ich hoffte, jetzt sofortige Hilfe zu erhalten. Der Chefarzt ist leider noch nicht auf Station gewesen, also mußte ich mich ggf. an den Oberarzt wenden. Also man sieht daraufhin eigentlich schon, wieviel Zeit letztendlich vergangen ist, immerhin ist eine Stunde letztendlich schon vergangen und diese Patientin ist durch, ja, durch Sachen immer mehr und mehr eigentlich in dieses Schmerztief, sag' ich jetzt mal, hineingeschlittert und ich fand es so was von menschenunwürdig, daß man dieser Patientin eigentlich noch mehr Leid zuführen mußte und Schmerzen vor allen Dingen und keinen seelischen und moralischen Beistand irgendwo halt gewähren konnte, weil sich keiner in der Lage gesehen hatte, einfach zu helfen, schlicht und einfach zu helfen. So, daraufhin hat meine Kollegin, weil dieses Prinzip der neuen Pflege ist, die Stationen sind jetzt in zwei Gruppen aufgeteilt, nämlich in Gruppe A und Gruppe B. So, meine Kollegin hatte sich, ohne mich vorher darüber zu informieren, mit dem Oberarzt schon in Verbindung gesetzt. Daraufhin folgte ein fürchterliches Chaos. Die Aggressivität unter den Kollegen bzw. unter den Ärzten ist dermaßen angestiegen, daß eigentlich ein sachliches Gespräch gar nicht mehr möglich gewesen ist. Daraufhin habe ich mich mit dem Oberarzt sehr angeschrien und habe ihm vorgeworfen, daß er jetzt also unbedingt was machen müßte. So, das tat er dann halt auch, dessen war ich also wirklich froh, daß ich die Verantwortung in dem Fall jetzt erst mal in für mich meines Erachtens in kompetente Hände abgeben konnte und dieser Oberarzt hat sich wirklich mit unheimlich viel »Enthusiasmus« und unheimlichem menschlichem Einfühlungsvermögen mit dieser Patientin halt beschäftigt. Dieses Zimmer ist dann eigentlich nur noch für den Oberarzt bzw. für mich dagewesen. Dieser Stationsablauf, der morgens um 6 Uhr eigentlich angefangen hatte und für mich in einem unheimlichen seelischen, ja, Konflikt eigentlich war, unter einer unheimlichen Anspannung, eigentlich mich nur ständig zu beschäftigen mit diesem Menschen, der dort in Zimmer 9 gelegen hat halt da zu sein und, ja, im Zusammenhang natürlich mit dem Oberarzt und, ja, es wurde daraufhin sofort MO angehängt, es wurde auch Morphin intravenös auch halt gespritzt und es wurden etliche Sachen auch gemacht, die man eigentlich machen kann, um das Leiden eines sterbenden Patienten, oder Menschen in dem Fall, irgendwo halt so weit zu gewähren, daß er auch ab dem Zeitpunkt eigentlich erst, obwohl dann schon inzwischen anderthalb Stunden vergangen waren, noch, ja, theoretisch zur Ruhe kommen konnte, langsam, weil er sich dermaßen aufgebäumt hatte und unter unheimlichen Schmerzen eigentlich litt. So, und dieses Spiel ging eigentlich, ja, bis Stunden eigentlich weiter bis um, ja, zwischendurch folgte dann natürlich halt auch noch die Chefarztvisite mit dem ganzen Schwarm von Assistenzärzten, angehenden Oberärzten und Ärzten im Praktikum. So, dieser Schwarm folgte also, und hat also, ich habe dieses auch beobachtet, weil ich draußen halt auch gearbeitet hatte, ich hab' Sachen in Zimmer 9 endlich reingereicht, wenn MO-Perfusoren halt leer waren oder irgendwas angehängt werden mußte. Kein anderer Mensch ist eigentlich vom Personal oder vom Arzt, Chefarzt, Oberarzt oder seien es sonstige

Leute, die eigentlich im medizinischen Bereich oder mit dem medizinischen Bereich zu tun hatten, in dieses Zimmer gegangen. Dieses Zimmer wurde gemieden, gemieden als ob dort die Pest sei, im übertragenen Sinne irgendwo halt. Daraufhin war ich zum ersten Mal eigentlich so geschockt darüber, weil ich von dem Chefarzt eigentlich wesentlich mehr menschliches Einfühlungsvermögen irgendwo halt auch gedacht hätte zu bekommen, über den Menschen der dort irgendwo halt liegt und, ja, und dieses Drama, kann man eigentlich sagen, hat sich bis 12 Uhr 25 halt, exakt 12 Uhr 25 zugetragen. So, und auf einmal ging die Tür auf, ich war gerade im Begriff dieses Zimmer zu betreten, da kam der Oberarzt raus und sagte, so jetzt ist sie eingeschlafen. Ja, was daraufhin eigentlich folgte, kann ich eigentlich gar nicht mehr richtig in Worte fassen. Das ist für mich eigentlich selbst wie ein Schock eigentlich gewesen, ja, weil diese Patientin 39 Jahre alt war, ich hatte zu dieser Patientin auch einen Bezug aufgebaut, was vielleicht bei jedem einmal in dieser ganzen Laufbahn seines Krankenschwester- oder Krankenpflegerdaseins irgendwo halt vorkommt. Diese Schranke hatte ich also Mensch auch für mich, ich als Mensch auf übertreten und habe es eigentlich zugelassen, keine Distanz mehr halt zu haben, sondern einfach Nähe. Und das hat sich für mich in dem Moment eigentlich als sehr schlimm herausgestellt, weil ich gar nicht in der Lage war, das zu verarbeiten. Meine Kollegen waren dieses natürlich auch nicht in der Lage zu verarbeiten. Eine Kollegin kam auf mich zu und sagte, na, ist sie jetzt endlich eingeschlafen. Ich hab' also daraufhin keine Möglichkeit mehr gehabt, wenn ich gekonnt hätte und gewollt hätte und meine Erziehung einfach dem nicht beistehen konnte, hätte ich dieser Kollegin wahrscheinlich eine 'runtergeknallt. So, daraufhin hat sich für mich meine Perspektive als Krankenschwester total verändert. Ich bin nach dieser Zeit, ich habe mich am nächsten Tag auch daraufhin krank gemeldet, weil ich einfach nicht in der Lage war, mich mit meinen Kollegen einfach nur noch auseinandersetzen zu können und das ganze hat sich eigentlich in Form meiner eigenen Aggressivität, meiner, ja schon fast Ohnmacht könnte man sagen, Ohnmacht eigentlich breitgemacht, weil ich gemerkt habe, daß jeder Einzelne auf dieser Station eigentlich Schwierigkeiten hat, sich mit dem Tod auseinanderzusetzen und dieses eigentlich als, ja, wie soll ich sagen, als Nichtigkeit oder als sarkastischem Beigeschmack irgendwo halt sich mir gegenüber eigentlich so offenbart hat. Daraufhin habe ich eigentlich für mich den Entschluß gefaßt, daß ich diesen Beruf, den ich eigentlich am Anfang mit sehr viel Freude, mit sehr viel Euphorie und Enthusiasmus ausgeübt hatte, für mich eigentlich was im Denken und Handeln verändert hat. Ich war also nicht mehr in der Lage, mit meinen Kollegen mich, ja, kann man sagen sachlich, ich bin eigentlich nur noch sachlich korrekt gewesen und habe darauf geachtet, daß man mir, in dem ich meine Arbeit ausübte, eigentlich nichts, ja, wie man so schön sagt, am Zeuge flicken kann. Ich habe eigentlich nur noch dann letztendlich meine ganze Motivation vom Patienten bzw. Menschen geholt, dem Menschen direkt am Pflegebett. Ich habe viele Gespräche geführt, ich habe auch mit einer Psychologin, die dort bei uns im Krankenhaus arbeitet, mich dort mit ihr darüber unterhalten und, ja, konnte mich eigentlich selbst erst mal richtig gehenlassen und konnte meine Empfindungen eigentlich rauslassen. Das hat mir zwar auf der einen Seite ganz gutgetan, aber letztendlich war es keine gezielte Hilfe, die ich dem Moment eigentlich erwartet hätte, sprich: von meinen Kollegen, und in dem Moment vielleicht auch vom Oberarzt, obwohl, man hat versucht eigentlich dieses Thema totzuschweigen. Und ich war auch daraufhin nicht mehr in der Lage, wenn es um sterbende Patienten oder um sterbende Menschen halt ging, mich dementsprechend damit auseinanderzusetzen. Ich bin zwar schon reingegangen in diese Zimmer, ich hab auch mit den Menschen irgendwo auch halt gesprochen, aber ich hab' halt auch gemerkt, daß es mir von Mal zu Mal immer schwerer gefallen ist, mich mit dieser Problematik Sterbebegleitung, sprich: fast im Krankenhaus Euthanasie, wie wir es auch nennen wollen, irgendwo halt auseinanderzusetzen. So, daraufhin habe ich in diesem Krankenhaus gekündigt und bin eigentlich, was ich dachte, ja, in ein anderes Krankenhaus gegangen und bin also vom Regen in die Traufe gekommen, hätte ich auch nie gedacht, aber es war halt so. Ich habe halt gemerkt, daß ich mit dieser Thematik also immer noch nicht abgeschlossen hatte, und es zog sich eigentlich bis hin, ich bin dann in die Hauspflege gegangen, es zog sich eigentlich immer weiter. Jetzt ist es mittlerweile schon, ja, fast vier Jahre eigentlich her und, ja, ich habe jetzt eigentlich erst gelernt, in dem ich auch darüber konnte, mit fachkompetenten Leuten darüber reden konnte, daß es mir jetzt eigentlich auch anfängt eigentlich auch besserzugehen. Aber diese ganze Problematik auf Station, daß muß man einfach so sehen, auf der einen Seite kann ich meine Kollegen verstehen, aber die Problematik ist einfach die, daß heute einfach keiner mehr miteinander, das miteinander zu reden überhaupt nicht mehr da ist, und ich glaube, daß die Leute auch nicht in der Lage sind, miteinander zu reden, daß die Problematik auf Station so weit angestiegen ist, das Personal immer weiter reduziert wird und daß die anfallenden Arbeiten einfach immer größer werden, stärker werden, die Verantwortung, die Beanspruchung der einzelnen Kräfte eigentlich immer größer wird und eigentlich kein ausgewogenes und ausgeglichenes Verhalten dem Menschen oder dem Patienten, irgendwo halt, gegenüber mehr gewährleistet ist bzw. untereinander im Personalbetrieb irgendwo halt auch. Ja, das ist eigentlich mein Beitrag dazu gewesen, was diese Geschichte für mich, wie ich daran eigentlich lernen konnte, irgendwo auch mich bereichern konnte und eigentlich auch dazu sagen kann, daß ich, ja, in diesem Bereich jedenfalls, wenn sich diese Situation in den Krankenhäusern nicht verändern sollte, daß ich auf keinen Fall auf solchen Stationen im allgemeinen mehr arbeiten möchte.

Die Protokolle sprechen auch unkommentiert für sich. Beide zeigen ungeschminkt, in welche widerstreitenden und gelegentlich chaotischen Gefühlszustände Menschen in professionellen Zwängen geraten können. Hier, in diesem kritischen Bereich der Konfrontation mit der Endlichkeit des Lebens, für die man sich engagiert, zeigt sich der hohe Anteil der jeweiligen Individualität, die der betroffene Fachmann in die dramatische Dynamik der Unausweichlichkeit des Geschehens einbringt.

Lügen und Justiz

Wer in einem Strafprozeß angeklagt ist – dieser Tatverdächtige, der aber bis zur Urteilsfindung die sogenannte Unschuldsvermutung für sich in Anspruch nehmen darf –, der darf lügen. Das wird in aller Regel nicht gerne gesehen, aber nichts zu sagen oder auch die Dinge so darzustellen, wie er sie präsentieren will, ist sein in der Rechtsprechung unantastbar verbrieftes Recht. Alle anderen haben sich der Forderung des Gerichts nach unbedingter Wahrheitspflicht zu fügen – vorab die Zeugen. Die Sachverständigen zum Beispiel sind nur gehalten, ihr Gutachten nach ›bestem Wissen und Gewissen‹ zu erstatten – deshalb sind sie auch vor Folgen von Irrtümern weitgehend geschützt.

Warum aber ist die Lüge, die Inanspruchnahme eines ›guten Rechts‹ eines Angeklagten, vor Gericht so schwer zu entlarven? Warum ist echte Reue, die letztlich doch der Wahrheit ›die Ehre‹ gibt (auch hier ist der Sprachgebrauch bemerkenswert emotional, wie fast immer, wenn es um ›Wahrheit‹ im Volksmund geht) so selten anzutreffen, vor allem bei schweren Verbrechen?

Ich bilde eine Hypothese: wenn jemand wirklich reuefähig ist, ist er kaum gefährdet, ein schweres Verbrechen, zumal eines wider das Leben, oder eine existenziell gefährdende Handlung zum Nachteil eines anderen Menschen zu begehen.

Er (oder sie, wobei an dieser Stelle auch gesagt werden muß, daß der Anteil der Frauen insbesondere an der Gewaltkriminalität sich über Jahrzehnte hinweg nicht drastisch verändert hat; sie sind deutlich erkennbar das weit weniger aggressive Geschlecht) hat das hinreichend empfindliche Gewissen entwickelt, das nicht nur egozentrisch prüft: »Womit schade ich mir selbst bzw. womit mindere ich mein Prestige- und Machtpotential?« sondern eines, das im wahrsten Sinne des Wortes »in sich geht und schließlich zum Respekt für die Belange (ein vager Ausdruck für das, was alles der Existenzanspruch eines Mitmenschen beinhaltet) eines anderen vordringt.

Statt dessen ist die Hauptsorge durch das Einräumen einer strafwürdigen Tat bei leugnenden Angeklagten die Angst vor dem Verlust des Gesichtes im weitesten Sinne. Vor der schmerzlichen Einsicht in die Diskrepanz zwischen der der Umwelt vorgeführten, zumindest sozial unauffälligen, bestenfalls sozial höchst präsentablen Persönlichkeit und der schlimmen Beschädigung des eigenen Selbstbildnisses und seiner mutmaßlichen Irreparabilität. Also wird verdrängt und nicht nur das, es wird auch aktiv an der Wiederherstellung der Unversehrtheit gearbeitet. Ja, es handelt sich um Arbeit, nicht Trauerarbeit um den Verlust oder die Schrammen am eigenen Selbst (das würde eher zum Reueerlebnis führen), sondern um jene Arbeit, die aus dem Tatgeschehen, an das wirklich zu erinnern man sich weigert, einen abgespaltenen Appendix macht, den man langsam absterben, verdorren läßt, bis er seine Morphologie so verändert hat, daß man ihn nicht mehr identifizieren kann.

Denn anders würde das ganze Gebäude der Wirkung meiner Persönlichkeit auf andere, das ich bis zum Zeitpunkt seines tatsächlichen Zusammenbruchs errichtet habe, wie ein Kartenhaus zusammenfallen. Prestige gleich null, verspielt bis in alle Ewigkeit.

Es gibt also Situationen, in denen die entschlossene Lüge, wenn es denn gelingt, sie vollständig zu internalisieren, Überleben garantiert – und nur sie. Eingeständnisse würden die totale Vernichtung des eigenen Selbst bedeuten. Es bliebe dann nur noch die freiwillige Selbstvernichtung, der Selbstmord, übrig, zu dem dann auch nicht wenige greifen, weil dieses unwiderrufliche ›Aus‹ wirklich ein Ende der Verstrickung bedeutet und dem Leiden unter dem ›Verlust des Gesichts‹ ein Ende bereitet. Auch dies ist im Grunde eine Art Kapitulation, die die Personen des engeren sozialen Umfeldes aber oft nicht wahrhaben wollen und damit im Sinne neuer Theorien und Spekulationen neue Hintergründe zu konstruieren versuchen. Fremdverschulden und Verschwörungen wittern und bekräftigen – ein Schritt weiter weg vom Wahrheitsgehalt komplizierter sozialer Tatbestände. So wurde zum Beispiel der Suizid prominenter RAF-Mitglieder vielfach angezweifelt. Es kommt so förmlich zu einer Art von Legendenbildung, die von mißtrauischen, verdrängenden, Zwecklügen produzierenden Personen oft über lange Zeiträume hinweg immer neue Nahrung erhält. All das wäre nicht möglich und könnte kein so zähes und hartnäckiges Dasein behaupten, wenn wir nicht hier und da – und insbesondere da, wo wir mit speziellen Gefühlen involviert sind – an unsere subjektive Wahrheit glauben *wollten* und nicht darauf aus wären, Beweise für die Richtigkeit unserer Annahmen (nicht unseres Wissens) zu finden.

Die Medien füttern uns nicht nur mit sogenannten Informationen über Sex bzw. Verstöße gegen die sexuelle Moral, sie überfüttern uns. Sie reflektieren deutlich nicht nur nicht darüber, wie unser guter oder schlechter Geschmack damit umgeht, sondern sie heizen vorsätzlich sowohl unsere diesbezüglich mehr oder weniger ausgeprägte Phantasie im Zusammenhang mit diesem Thema an, als auch die von potentiellen Opfern, die nicht entscheiden können, was auch nur die Nähe zur sogenannten Wahrheit besitzt oder auch nicht.

Die ›Devianten‹ und die Reichen und Schönen, sprich die wegen ihrer sozialen Position (wie immer die auch zustande gekommen sein mag) Exponierten, müssen sich das öffentliche Interesse gefallen lassen. Sie haben besonders viel zu verlieren. Die Minderheiten, die abgestempelt werden: die Pädophilen, die zum Beispiel, würden sie sich ›outen‹, äußerste Ächtung hinnehmen müßten. (Sie kommen in der Gefängnishierarchie besonders schlecht weg und erleiden, als erklärte ›Underdogs‹, oft genug massive Demütigungen körperlicher und seelischer Art.) Und die Privilegierten deshalb, weil man von ihnen Kongruenz von tatsächlichem Verhalten und Vorbildfunktion erwartet, jedenfalls in weitem Umfang.

Bei den Devianten setzen viele auf die Langzeitwirkung von Therapie. Voraussetzung für ihre Wirksamkeit ist aber die Einsicht in die Unhaltbarkeit der als zwingend empfundenen Neigung, zu welcher sozialen Abweichung auch immer – zumeist ist es eine sexuelle, die sich schon früh entwickelt hat. Voraussetzung für eine erfolgreiche Therapie also: der entschiedene Wille, sich zu ändern. Leidensdruck allein genügt nicht. Es ist sorgfältig zu analysieren, woher dieser Druck kommt: ist das Leiden ein ichbezogenes, das nur den unangenehmen Folgen strafwürdigen Tuns gilt, oder ist es eines, das sich herleitet aus dem quälenden Innewerden, daß man die Existenz eines anderen Menschen entweder vernichtet oder mindestens schwer beschädigt hat? Ist das letztere nicht anzutreffen, muß man immer damit rechnen, daß der Therapieerfolg sich in mehr oder weniger vordergründigen Lippenbekenntnissen manifestiert. Nicht alle Therapeuten sind dank ihrer Ausbildung befähigt, Deklamationen zum künftigen Wohlverhalten und wirkliche Veränderung diagnostisch sicher zu trennen.

Problempersonen sind auch oft Zeugen. Der Zeugenbeweis ist unverzichtbar. Die Expertise über die Glaubwürdigkeit erwachsener bzw. eidesmündiger Zeugen ist eher eine Seltenheit, obwohl man sich nicht der Einsicht verschließen kann, daß die Belehrung über die Strafbarkeit der Falschaussage und die Strafdrohung, die Sanktionen, die einem Meineid folgen, an den Zeugen oftmals abläuft wie harmlose Wassertropfen. Aber das Vertrauen der Jurisprudenz in die abschreckende Wirkung ihrer dräuenden Verheißungen ist ungebrochen, obwohl sich das Thema ständig in der juristischen Diskussion befunden hat und befindet. Aber es sieht nicht so aus, als ob Konsequenzen aus skeptischen Erkenntnissen in die Praxis der Rechtsprechung Eingang fänden. In sehr vielen Fällen kann von unbekümmerten oder frechen Zeugen völlig risikolos gelogen werden, vor allem in Zivilprozessen, in denen Zeugenaussagen nur allzu häufig keiner sachlichen Überprüfung unterzogen werden können.

Die Eidesunmündigen hingegen werden, wenn sie denn von ihren Erziehungsberechtigten dafür freigegeben werden, einer stringenten wissenschaftlichen Überprüfung unterzogen. Denn gerade bei sexuellen Handlungen, die als potentielle Opfer nicht eidesmündige Personen haben, sind sie oft die einzigen Gewährspersonen, die über ihre Erlebnisse berichten könnten. – Die Natur eines wie auch immer gearteten Sexualdelikts (von den Ausnahmen abgesehen, die Gemeinschaftsdelikte betreffen) sind Sexualhandlungen Ereignisse zwischen nur zwei Beteiligten. Man ist also in sehr vielen Fällen auf die alleinige Aussage des mutmaßlichen Opfers angewiesen, zumal wenn die Annäherung gewaltlos geschah und Tatspuren nicht zu erwarten sind.

Was die letzteren angeht: Es kommt immer häufiger vor, daß unerfahrene und mediengläubige Ärzte die Botschaft so verstanden haben: Sexualdelikte haben drastisch zugenommen, vor allem die mit Gewalt verbundenen, daß sie harmlose Genitalirritationen und -läsionen als Folge beweiskräftig gewordener Übergriffe diagnostizieren.

Dank dieser Vorurteilsbildung, die weite Bevölkerungskreise ergriffen hat, ist sexueller Mißbrauch von Kindern zum hysterisch fixierten ›In-Thema‹ geworden. Mit geradezu Jagdhundeifer werden Kinder so lange ausgeforscht, bis sie aussagen, was der zumeist wenig kompetente, selbsternannte ›Kinderschützer‹, meist weiblichen Geschlechts, hören will, um endlich einen Mann dingfest zu machen, der in einem fest profilierten Feindbild, einem Negativimage also, schon deshalb als potentieller Vergewaltiger gilt, weil er mit einem Penis ausgestattet ist. Wie Sigmund Freud übrigens einmal in einem Prozeß trocken bemerkte, wenn der Angeklagte schon deshalb als Einbrecher gelten sollte, weil er gewohnheitsmäßig einen Dietrich bei sich trage, dann müsse er selbst, Sigmund Freud, auch als Vergewaltiger gelten, weil er das dazu benötigte Werkzeug ebenfalls ständig bei sich trage.

Es ist also eine mißliche Usance geworden, sich vermeintlich sexuell geschädigter Kinder schon im Vorfeld polizeilicher Ermittlungen in ›fürsorglicher‹, quasi therapeutischer Art seitens meist unzureichend dazu ausgebildeter oder ganz und gar inkompetenter Menschen forschend und tröstend anzunehmen. Immer in der vorweggenommenen Überzeugungsbildung, es müsse irgend etwas dieser Art geschehen sein. Dabei wird zumeist übersehen, daß plötzlich beobachtbare Verhaltensstörungen bei Kindern, deren Entstehung man sich zunächst nicht erklären kann, sehr vielfältige Ursachen haben können und nicht etwa mit auch nur signifikanter Wahrscheinlichkeit ein traumatisches sexuelles Erlebnis anzeigen.

Exakte und wissenschaftlich sehr begrüßenswerte Untersuchungen, wie zum Beispiel die Experimente von Elisabeth Loftus, einer amerikanischen Psychologin, haben gezeigt, daß Kinder bei suggestiven Befragungen Lernprozesse durchmachen, die deutlich zeigen, daß sie die Tendenzen der Befrager, die ihnen bestimmte Erlebnisse als tatsächlich existent suggerieren wollen, in ihr eigenes Erlebnisrepertoire aufnehmen und im anscheinend erwünschten Sinne dann falsche Aussagen machen, die höchst verhängnisvolle Folgen haben. Der gesamte Komplex kindlicher Zeugenaussagen über angeblich erlebte sexuelle Handlungen gehört ausschließlich in die Hände von kompetenten Spezialisten.

Wie aber wird dergleichen in der Praxis der Rechtsprechung umgesetzt?

Die richterliche Unabhängigkeit, die zum Glück in unserem Rechtssystem verankert wird, hat eine menschliche, allzu menschliche Kehrseite. Sie kann hochmütig machen, menschenverachtend, dazu bringen, sich nur einem abstrakten Ideal zu unterwerfen, und zu einem fassadären Verhalten verleiten. Die personellen ›Organe‹ der Rechtsprechung denken oft nicht daran, daß sie, in der Gegenwartssprache ausgedrückt, etwas zu erbringen haben wie eine Serviceleistung an der Gesellschaft und daß sie die Pflicht haben, die Mittel, die für diese Serviceleistung bereitgestellt werden können und letztlich müssen, zu optimieren. Sie absolvieren den Gang der Dinge korrekt im Sinne der Strafprozeßordnung, aber sie scheren sich nicht im geringsten darum, ob sie selbst glaubwürdig wirken und dem ›Volk‹, d. h. denen, in deren Namen sie Urteile ergehen lassen, die Überzeugung von ihrer Glaubwürdigkeit vermitteln können. Sie sprechen zum Beispiel unbekümmert um die Wirkung, die sie hervorrufen, und machen sich nicht einmal die Mühe, sich akustisch verständlich zu artikulieren. Insofern könnte man argumentieren, daß die direkte Fernsehübertragung eines Prozesses, der die Öffentlichkeit bewegt, viel mehr dazu dienen könnte, die bewußte Disziplinierung, die wünschenswert selbst auferlegte, zu fördern – eben weil man weiß, hier ist nicht nur das ›kleine‹, sondern das ›große‹ Publikum dabei, man exponiert sich also in einer Weise, die unweigerlich die eigene Identität verrät.

Was machen wir mit einem Angeklagten, wenn uns die mutmaßliche Wahrheit gleichsam auf den Nägeln brennt? Zunächst einmal nichts. Wir lassen ihn gewähren, aber es kann sein, daß sich Prozeßbeteiligte bemühen, ihn zur Wahrheit oder zu dem, was sie dafür halten, hinzuführen. Das geschieht in sehr unterschiedlicher Form. Es gibt begabte Strafkammervorsitzende, die in wirklich ›weiser‹ Voraussicht dessen, was da möglicherweise auf einen Angeklagten zukommen wird, ihm gute Ratschläge geben, besser gesagt, Empfehlungen, zum Beispiel im Hinblick auf die manchmal strafmildernde Wirkung eines Geständnisses, wenn die Beweislast ohnehin erdrückend ist.

Dergleichen ist höchst prekär. Ich habe die Beobachtung gemacht, daß Prozeßbeteiligte der Kontrolle ihres mehr oder weniger präsentablen Verhaltens mehr Sorgfalt angedeihen lassen, wenn zum Beispiel einigermaßen prominente Pressevertreter anwesend sind, vor allem solche bundesweit vertretener Blätter. Insofern könnte man sich für eine Zulassung des

Fernsehens im Gerichtssaal aussprechen, weil davon eine wünschenswerte Stilverbesserung, was die Kommunikation mit allen Prozeßbeteiligten angeht, zu erhoffen ist. Dies zu prüfen und zu beurteilen, würde es einiger Erfahrung bedürfen, an der es aber absolut mangelt, denn Experimente auf diesem Gebiet können selbstverständlich nicht stattfinden. Möglicherweise ließe sich durch eine Übertragung an eine breite Öffentlichkeit auch der Rechtsunkenntnis und zunehmenden Justizverdrossenheit der Bevölkerung wenigstens teilweise abhelfen. Oft genug stehen unvorgebildete, aber so etwas wie ›Gerechtigkeitsgefühl‹ irrationaler Art entwickelnde Bürger Urteilen verständnislos gegenüber, eben weil sie zu wenig Prämissen kennen, die einer Urteilsfindung und der ihr zugrunde liegenden Überzeugungsbildung bis hin zum ›Ausschluß jeden vernünftigen Zweifels‹ vorausgehen.

Allerdings müßten die technischen Voraussetzungen und deren potentielle Fehlerquellen zuvor, ehe man an eine solche Möglichkeit der breiten Visualisierung von Prozeßübertragungen denkt, von Experten sehr sorgfältig überdacht werden. Man darf aber sicher sein, daß das Thema in eine Diskussion geraten wird, die allerdings vom Quotenhunger der TV-Anstalten beeinflußt werden wird.

Karl Jaspers[2] sagt zu diesem speziellen Problembereich: »Die fachmännische Autorität verlangt blindes Vertrauen, verwirft Diskussionen und Konsultation. Der in der Tat kenntnislos Abhängige aber meint es auch und gar besser wissen zu können und drängt dazu, die Führung dem Fachmann aus der Hand zu nehmen. Dann stehen sich kommunikationslos gegenüber bequeme Gewohnheit unkontrollierten Tuns – die den weiten Umfang des faktischen Nichtkönnens unter der Autorität des Fachmanns verdeckt –, und angstvolles, weil selbst interessiertes Mißtrauen und Scheinwissen des betroffenen Patienten, Klienten, Bauherrn, der vergißt, daß niemand und auch er selbst im eigenen Bereich seines Berufs nicht fehlerlos wirken kann, und der die in der

2 Jaspers, K. *Von der Wahrheit.* München (1947)

Welt unumgängliche Unberechenbarkeit zugunsten einer nie möglichen Sicherheit ausschalten möchte.

Einverständnis zwischen den Beteiligten kann nur durch Verständigung erreicht werden. Diese Verständigung steht unter der Idee, daß einer überlegenen Vernunft und Kunst des Fachmanns die verstehende Haltung des besonnenen und geduldigen Betroffenen entgegenkommt. Wie solche Verständigung erfolgt, das ist ein unendliches Thema des Alltagsgeschehens, zu dem wir nur wenige Bemerkungen aus der gegenwärtigen realen Situation versuchen.

Grundbestand ist die Unverläßlichkeit des Durchschnitts der fachlichen Berufsvertreter. In jedem Beruf wird die Wahrung der Autorität zur Quelle des Verschleierns von Nichtkönnen. In der Erledigung des Einzelfalles tritt die Gedankenlosigkeit im Gehen nach Schematen an die Stelle von methodisch forschender Auffassung.

Daher ist für jeden denkenden Menschen ein einfacher Gehorsam gegenüber dem Fachmann in lebenswichtigen Fragen und Kontrolle notwendig, um festzustellen, was der Ratende und Operierende weiß, kann und nicht kann, ob er weiß, was und warum und mit welchen Risiken er etwas tut, ob dieses nach Darlegung der Gründe und Gegengründe getan werden kann oder muß, und was man zu erwarten hat.

Darüber hinaus aber gehört es zur Würde des vernünftigen Menschen, im wesentlichen zu wissen und selber einzusehen, was mit ihm geschieht. Dazu bedarf es seines juristischen, medizinischen, technischen Verstehens. Unter Voraussetzung seiner Auffassungsfähigkeit macht ihm der Fachmann mit wenigen Worten klar, worum es sich handelt.

In solchen Erörterungen zwischen dem Fachmann und dem Betroffenen, in diesen Fragen und Begründungen ist der Sinn das Offenbarwerden der Sache für den Interessierten durch den Fachmann. Ein Recht zur Autorität als Fachmann hat nur, wer wirklich weiß und kann, daher uneingeschränkt Rede zu stehen und Antwort zu geben vermag.

Ein Recht zum Wissen als Betroffener aber hat nur, wer zu wissen, den Sinn und die Möglichkeiten des Wißbaren zu unterscheiden vermag. Der Fachmann als solcher kann keine anderen Begründungen geben als die, welche vermöge Erfahrung und Wissenschaft in klarer Bestimmtheit gelten, endliche Dinge für endliche Zwecke betreffen. Gibt er für Unwissenheit und Torheit in seinem Versagen durch allgemeine Redensarten philosophische Begründungen aus dem Umgreifenden, so werden diese Scheinbegründungen hier zu Täuschungen. Der Betroffene hingegen darf nicht erwarten, daß er in seiner Ängstlichkeit eine absolute Sicherheit für den Verlauf der Sache durch fachmännische Mitteilungen erhalten werde, erst recht nicht, daß ein Fachmann ihm zum Seelsorger bestimmt sei. Daher ist es bei dem Betroffenen ein existentielles Versagen mit dem Verlust des Rechtes, zu wissen und unterrichtet zu werden, wenn er aus dem Antrieb, die Gefahr in einer vermeintlich absoluten Sicherheit ausgeschaltet sehen zu wollen, das Umgreifende selber nach Analogie des Technisierbaren behandelt; er verschleiert sich die immer noch bleibende Gefahr durch Scheinsicherheiten von Vorstellungen und Maßnahmen. Es liegt umgekehrt ein existentielles Versagen beim Fachmann im Erschlaffen seiner Initiative des Vorausdenkens, der Vorsicht und des Berechnens; er verschleiert sich diesen Mangel durch die fälschliche Philosophie, als ob in dem nachlässigen Unsicherlassen des Endlichen sich Offenheit für das Schicksal im Umgreifenden zeige. Die Wahrheit unseres Tuns verlangt zwar Wissen um die Grenze des Berechenbaren das Innesein des Umgreifenden, aber unter der Voraussetzung aller nur möglichen Aktivität innerhalb der Grenze.«

Medienereignisse ersetzen echte Ereignisse. Wichtig ist nicht, was ist, sondern wie es fotografiert ist – schöne neue Welt. Und in der schönen neuen Welt gibt es schöne Ereignisse.

Avishal Margalit, Philosoph, Israel
in *Die Zeit,* 2.1.1998

Insgesamt brachte der Komplex elektronischer Energien eine neue Welt hervor – eine Guck-Guck-Welt, in der mal dies, mal das in den Blick gerät und sogleich wieder verschwindet …

Gegen das Guck-Guck-Spiel ist natürlich nichts einzuwenden – und gegen die Unterhaltung ebenso wenig. Oder wie ein Psychologe einmal gesagt hat: »Luftschlösser bauen wir alle, problematisch wird es erst, wenn wir versuchen, in ihnen zu wohnen.« (Neil Postman in: *Wir amüsieren uns zu Tode.*)

Nichts ist leichter geworden, als sich in eine andere Welt zu träumen.

Ich traf Robert in einem Warenhaus, wo ich mir einen kleinen Transistor besorgen wollte, er hingegen einen Fernsehzweitapparat. Wir sind Jugendfreunde. Wir sehen uns wenig, aber wenn, dann kommen wir sehr schnell in ein vertrautes Gespräch. Kindheitsmelodie. Damals unterhielten wir uns über unsere Eltern, schimpften gemeinsam, verteidigten sie oder träumten davon, gemeinsam auszureißen, was wir dann doch nicht taten, denn schließlich gab es Altvordere, von denen man weitaus Beklemmenderes hörte.

Robert wunderte sich, was ich mit einem Transistor wollte. Ich erklärte es ihm, als wir uns zu einer Plauderstunde, die zu einem relativ ernsthaften Gespräch geriet, bei einem Glas Wein und einem Lachssteak (man gönnt sich ja sonst nichts) in den Erfrischungsraum des Kaufhauses setzten. Es war dieses ›man gönnt sich ja sonst nichts‹, das der ernsthafte Germanist bei einer Person wie mir, die er für eine sprachlich empfindliche hält, monierte. »Hast du auch schon diese Werbungssprache übernommen? Stimmt doch gar nicht, was du da verkündest. Du gönnst dir eine ganze Menge, und die Leute, die man damit animieren will, reuelos zu genießen, tun das in Wirklichkeit auch. Verlogenes Geschwätz.«

Eines kann man Robert nicht vorwerfen: Er macht sich selbst nichts vor. Also, warum kaufte ich mir einen Transistor?

Ich: Weil ich das Radio nicht entbehren kann. Da werde ich nicht permanent ›unterbrochen‹.

Robert: »Schon wieder ein Klischee. Du hast natürlich Neil Postman gelesen. Sage mir bitte nicht, in ›unseren Kreisen‹ sei das ein ›must‹. Und im Radio hörst du nicht nur Informationen und nichts als Informationen.«

Ich: »Aber das Radio ist erträglicher. Ich höre eine überwiegend sympathische Stimme, denn die spielt bei der Auswahl der Hörfunkleute neben ihrer Intelligenz (hoffentlich die Hauptsache) ja wohl eine wichtige Rolle – und ich muß mir nicht noch Gedanken über den Blazer von Frau R. und das Make-up von Frau B. machen.«

Robert: »Und die Hörerumfragen auf der Straße, wenn irgendein spektakuläres Verbrechen geschehen ist oder eine politisch brisante Entscheidung ansteht?«

Ich: »Schwachsinn, Hörerfang höre ich nur an, um mir zum xten Mal zu bestätigen, wie dumm der Mann auf der Straße ist, potenziert durch die Dummheit der Reporter.«

Robert: »Du bist nicht der ideale Medienkonsument.«

Ich: »Weiß ich, du aber auch nicht.«

Jetzt holte Robert aus: »Du willst doch im Grunde wissen, weshalb ich einen zweiten Fernsehapparat brauche! Ich sag's dir, um meine Ehe zu entschärfen.«

Ich wußte, Robert war mit einer schwierigen Frau verheiratet. Ich kannte sie wenig. Sie war eifersüchtig auf mich, weil sie unsere Beziehung falsch einschätzte. Tatsächlich waren wir nie miteinander im Bett gewesen, wovon sie jedoch nicht abzubringen war. Aber ich wußte auch, daß sie Grund hatte – er hatte sich nicht immer im Sinne von ›political correctness‹ verhalten, und es war allgemein bekannt, daß sie ihn dafür büßen ließ.

Robert: »Also, es gibt bei uns viele Themen, über die andere Leute relativ unbefangen reden können – aber wir nicht. Christas Thema ist immer wieder und immer wieder mit bohrender Regelmäßigkeit die ›Beziehungskiste‹. Du weißt, daß es auf nahezu allen Sendern, auch privaten, an Seifenopern nicht mangelt. Aber sie macht es zu einem Hauptthema zwischen uns. Was da vorgeführt wird ist weiter nichts als die Fiktion irgendeines Drehbuchautors, doch für sie einfach die Wirklichkeit. Da hat sich einer eine Geschichte ausgedacht – sie und ich und wir zwei – und sie. Diese Geschichte hat natürlich, wie alles im Leben, eine entfernte Ähnlichkeit mit unserer Ehe. Egal, sie nimmt sie als wahr, und sie nervt mich damit bis aufs Blut, ja, sie will ernsthaft ›diskutieren‹, und immer landet sie dabei, daß es die Unverläßlichkeit und die Bindungslosigkeit der Männer ist, für die die Frauen bezahlen müssen – alle Frauen.«

Ich schlug vor: »Versuch doch einmal, sie auf die ›Machbarkeit‹ des Ganzen zu reduzieren. Ich habe das mit meinen Kindern gemacht, als sie noch kleiner waren. Da habe ich von den vielen Leuten gesprochen, die man nie sieht und deren Mitwirkung bei dem Gezeigten sich sowohl hinter den Kulissen als auch vor der Kamera abspielt. Vor allem, weis sie doch mal darauf hin, was sich mutmaßlich im Kopf eines Drehbuchautors abgespielt hat und wie ihm die Einschaltquoten im Nacken sitzen, welche Leute ihm in sein Plot reingeredet haben, wie er es zähneknirschend geändert, gegen die Kitschvorstellungen der anderen hineingeredet hat, bis ein Produkt zustandekam, von dem letztlich zwar nicht er, aber alle anderen überzeugt waren: Wenn das so in Serie geht, können die Leute nicht genug davon kriegen.«

Robert: »Habe ich alles schon versucht – es nützt nichts. Ich habe ihr erzählt, daß zu Zeiten der Aktualität der ›Schwarzwaldklinik‹ Busse mit ›Ladungen‹ von Serienfans, meist älteren und alten Leuten, ins Glottertal in die Klinik, die der Serie als Drehort diente, gefahren sind und verzückt geseufzt wurde: ›Da, hinter diesen Fenstern, da operiert er‹, und daß es immer wieder Leute gibt, die beim Fernsehen anfragen, ob denn nicht mal wieder eine Wohnung in der ›Lindenstraße‹ frei würde, daß es einen Club von Leuten gibt, die sich mit den Figuren, die sich in unser Herz und unsere Abneigung stehlen, identifizieren, und Leute, die depressiv werden, weil sie mal eine Sendung verpassen. Und daß es immer wieder vorkommt, daß Schauspieler, die eine bestimmte immer wiederkehrende Figur verkörpern, nach Tips aus ihrer ›Berufsphäre‹ gefragt werden – so die Oberschwester Hildegard aus der ›Schwarzwaldklinik‹ zum Beispiel nach dem ihrer Ansicht und Erfahrung nach wirksamsten Kopfschmerzmittel. Ich habe sie daran erinnert, daß sie eine gebildete und im Grunde doch viel zu intelligente Frau ist, um auf solche Machwerke hereinzufallen, daß sie ihren kritischen Verstand gebrauchen soll – nix da. Sie richtet sich in ihren Luftschlössern wohnlich ein, weil ein Zipfel ihrer Lebenserfahrung gepackt wird, und an diesem Zipfel hängt sie ihr Meinungsbild auf. Also entziehe ich mich ihrer Oberlehrermanier, mir ihre subjektive Bildschirmwahrheit eintrichtern zu wollen. Was würde sie wohl sagen, wenn ich dauernd dumme Blondinenwitze vortragen würde? Ich will meine Programme sehen und sie meinetwegen die ihren.«

Wir alle machen uns eine Meinung über Dinge, die wir, streng genommen, überhaupt nicht beurteilen können. Wir entwickeln Sympathie oder Antipathie gegenüber Menschen, die wir entweder gar nicht kennen oder von denen man uns einige ausgewählte Facetten vorgeführt hat. Wir projizieren. Wir schreiben zu. Wir machen uns ein Bild über ein Bild. Wir wissen nicht, ob es unvollständig ist, verfälscht, bewußt entstellt, aus Ungeschicklichkeit verzerrt präsentiert wird. Wir erleben ein Image vom Image.

Das alles können wir nicht wissen. Wir wissen es manchmal sogar und glauben es zu durchschauen. Aber wir folgen nicht unserer rationalen Erkenntnis. Wir lassen uns verführen. Denn, nach dem Wort eines längst vergessenen Psychologen: »Denken ist so schwer, daß die meisten Menschen es vorziehen zu urteilen«, sind wir überall dabei, nicht als kritische, sondern als hingegebene Zuschauer. Wir gönnen uns selbst keine Ruhe der Wahrnehmung, wir sammeln Etiketten und kleben sie den Objekten unserer Wahrnehmung an. Unser eigenes Leben ist blaß und farblos? Wir borgen uns ein anderes. Ein Leben aus zweiter Hand. In Momentaufnahmen. Häppchenweise.

Wissen wir die Wahrheit über auch nur eine einzige Person des öffentlichen Lebens? Über keine einzige. Aber unser

Wissenwollen ist nahezu unbegrenzt und unsere Bereitschaft, uns als Voyeure zu betätigen, ebenso. Das vermeintlich Spektakuläre läßt uns nicht ruhen. Die unerbetenen Leserbriefe zu einem Thema von großem öffentlichen Interesse sprechen hier eine beredte Sprache, wie ein solches Thema ›ankommt‹.

Im Jahre 1986 bewegte ein Prozeß die deutsche Öffentlichkeit. Ich zitiere mich selbst: Elisabeth Müller-Luckmann: Publikumsreaktionen auf einen spektakulären Strafprozeß[3]

»*Zum Sachverhalt:* Die Angeklagte ließ am 04.08.1986 um 11 Uhr 30 ihre beiden Kinder, die 7jährige M. und die 5jährige K. in den Pkw-Kombi der Familie einsteigen. Sie fuhr mit ihnen zu einem vom Wohnhaus 11 km entfernt an verkehrsarmer Stelle etwas versteckt gelegenen Parkplatz und erwürgte oder erstickte sie. Zunächst legte sie die toten Kinder im Gebüsch ab, nahm aber M. sogleich wieder in den Wagen, fuhr mit ihr zu einem knapp 4 km entfernten anderen Parkplatz und warf die Leiche in das angrenzende Brennesselgebüsch. Anschließend fuhr sie die 9 km lange Strecke nach Hause, wo sie etwa um 12 Uhr 15 ankam. Die Angeklagte bestreitet die Tat. Sie behauptet, die Kinder bereits in der Nacht zum 04.08.1986, als sie gegen 3 Uhr 20 nach Hause gekommen sei, tot in ihrem Bett gefunden zu haben; sie seien noch körperwarm gewesen und hätten ihre Tageskleider angehabt. Ihr Ehemann habe ihr gegenüber eingeräumt, die Kinder getötet zu haben. Wenig später habe er die Leichen der Kinder mit dem Pkw weggebracht, nach seinen Angaben an die Stelle, an der M. später gefunden worden sei. Das LG hat die Angeklagte wegen Mordes in zwei Fällen zu lebenslanger Freiheitsstraße als Gesamtstrafe verurteilt.« (NJW. H. 28, 1989, S. 1741)

Der Zuschauerraum des Schwurgerichts war an jedem relevanten Verhandlungstag voll besetzt, das (überwiegend

[3] in *Die Sprache der Verbrechen – Wege zu einer klinischen Kriminologie.* Stuttgart–Berlin–Köln: Kohlhammer (1993)

weibliche und überwiegend zu den über 40jährigen zählende) Publikum sparte nicht, wenn die Angeklagte über die Außentreppe in den Saal geführt wurde, mit abfälligen Gesten und Verbalinjurien. Ständig waren zahlreiche Presse- und TV-Berichterstatter sowie Fotojournalisten anwesend; die meisten Blätter berichteten nach jedem Verhandlungstag, viele von ihnen sehr detailliert.

Wer in jener Zeit überhaupt Medien konsumierte, mußte zwangsläufig auf diesen Prozeß aufmerksam werden. Dies spiegelte sich denn auch in schriftlichen Äußerungen, die an die Strafkammer oder die Staatsanwaltschaft gelangten, wider. Da ich als Sachverständige für Frau W. zu den Prozeßbeteiligten gehörte und mir bislang keine Publikation bekannt ist, die sich mit dem Thema dieses Beitrages beschäftigt hat und da schon die Prozeßatmosphäre, die vom Publikum mitbestimmt wird, sehr eindrucksvoll war, habe ich mich entschlossen, das betreffende Landgericht und die Staatsanwaltschaft zu bitten, mir die gesammelten Briefe, die während der Dauer der Hauptverhandlung und nach der Urteilsverkündung eingegangen waren, zur Verfügung zu stellen. Dies ist geschehen, und ich sage dafür meinen Dank.

Zwischen dem 25.03.87 und dem 10.02.92 wurden insgesamt 197 Schreiben an die Justizbehörden oder einzelne Prozeßbeteiligte gerichtet (die Verteidiger und Sachverständigen als mögliche Adressaten sind hier nicht erfaßt). Insgesamt 16 Personen schrieben zweimal. 51 Schreiben hatten überwiegend uninteressante Anfragen zum formalen Prozeßverlauf zum Inhalt. Die meisten gaben ihren Absender und ihr Geschlecht an: 81 Frauen und 51 Männer. Vielen Schreiben wurden Zeitungsausschnitte beigelegt, um auf die Quelle der Information hinzuweisen. Sehr viele, ja, die überwiegende Anzahl der Schreiben offenbaren sprachliches Ungeschick, enthalten orthographische und grammatikalische Fehler (die hier im Original wiedergegeben werden). Sechs Schreiber weisen auf eine Universitätsausbildung hin. Die meisten Briefe enthalten deutliche Hinweise auf die Zugehörigkeit zur Unter- bzw. Mittelschicht. Wenn das Lebensalter erwähnt wird, was gelegentlich geschieht, handelt es sich überwiegend um ein Alter über 60.

Die quantitativ exakte Durchführung einer Inhaltsanalyse hätte einen Aufwand bedeutet, wie er im Rahmen eines derart kurzen Beitrages nicht zu leisten gewesen wäre; Häufigkeitsangaben wären ohnehin eine Funktion der naturgemäß unscharfen Abgrenzungen von Antwortklassen, wie sie hier gebildet werden. Um nicht Scheinexaktheiten herzustellen, habe ich es bei der Angabe der wichtigsten geäußerten Meinungen bewenden lassen, deren Reihenfolge nicht zugleich eine Häufigkeitsrangfolge darstellt. Es sei hier nur darauf hingewiesen, daß viele Schreiber mehrere Meinungen präsentieren.

Den Postleitzahlen läßt sich entnehmen, daß Groß- und kreisfreie Städte sich etwa die Waage halten mit kleineren Orten; einige Zuschriften kamen aus dem Ausland.

Die *Schuldzuweisung an die Mutter* wird in der Regel mit Versuchen angereichert, die Motivlage zu erklären und mit Urteilen über ihre Persönlichkeit aufzuwarten:

»Diese Frau ist ein bißchen beschränkt, aber sie wußte, der Amerikaner wollte ihre Kinder nicht ... in den Staaten werden sie beide ein schönes freies Leben führen und reich werden.«

»Sie ist ein Dummkopf, ein eiskaltes Miststück. Sie tat es, weil sie vollständig auf ihren Freund fixiert war.«

»Die knall ich ab, wenn das Mordweib freikommt.«

»Sie ist kalt und berechnend, sie dürfen diese Frau nicht laufen lassen.«

»20 Jahre verschärfter Kerker bei Wasser und Brot – sonst macht der Hurenfall Furore.«

»Diese Frau ist zu hundertprozentig die Mörderin.«

»Frau W. ist keinen Schuß Pulver wert. Wie kann man sich nachts in Diskotheken herumtreiben?«

»Es ist mir schleierhaft, daß die Klärung noch nicht einmal zur Hälfte erledigt ist. Geben Sie mir bitte die weiteren Ermittlungen in die Hände. Ich sage Ihnen, daß ich den Fall in einer halben Stunde klären werde ... Auf einen groben Klotz gehört ein grober Keil. Damit meine ich einen Eichenknüppel.«

Schuldzuweisungen an den Vater:

»Frau W. hat ihre Kinder nicht umgebracht, es war ihr Mann ...«

»Wenn eine Frau fremd geht, bringt sie niemals ihre Kinder um.«

»Der Vater wars, ich weiß zwar nicht, wie man es beweisen kann, dummerweise hat seine Frau ihn gedeckt, dafür muß sie jetzt büßen.«

»Der Mann wollte doch mit, sie nahm ihn nicht mit, und abends ging sie wieder los mit dem Amerikaner tanzen, und da kann es gut sein, daß er aus Haß die Kinder umgebracht hat.«

»Logik sagt mir, daß der gehörnte Ehemann ein Motiv hatte.«

»Unserer Meinung nach ist der Ehemann der Mörder, zumal er die Scheidung eingereicht hat – *so schnell.*«

Beide Eltern sind die Täter:

»Die Tat ist von beiden Eltern geplant und bis in alle Einzelheiten besprochen worden. Beide Rabenelten sind zu gleichen Teilen schuldig.«

»Dieser Mord, der ganz Deutschland bewegt, darf nicht ungesühnt bleiben. Das deutsche Volk ist überzeugt, daß beide W. schuldig sind.«

»Seltsam, daß einer den anderen noch schützte und beide am Abend danach noch zusammen schliefen.«

»Es wäre doch eigentlich angebracht, zunächst mal beide in Gewahrsam zu nehmen, und zwar so lange, bis einer der beiden ein Geständnis ablegt.«

Tätervermutung:

Geliebter der Mutter, Verwandte, unbekannte Täter.

»Warum ist P. (Geliebter der Mutter) nicht verdächtig? Er

wollte doch die Frau mit in die Staaten nehmen, aber ohne Kinder. Meine Meinung: der Liebhaber ist der Mörder.«

»Ich habe gependelt. Die Kinder waren dem US-Soldaten im Wege.«

»Kann es nicht Frau Ws Geliebter oder ein anderer sein, dem die Kinder im Wege waren?«

»Ich möchte mir für Frau W. Freilassung wünschen, bis Sie den richtigen Täter haben.«

»Ich sehe das so: W. hatte ein Verhältnis mit dem Schwager und ihre Schwester ein Verhältnis mit ihrem Mann. So hatte es nur einen Grund: Die Kinder müssen weg. Die Verwandtschaft hält dicht. Glauben Sie mir, nur nicht locker lassen.«

Die Mutter hat kein Motiv, sie ist unschuldig:

»Schauen Sie sich dieses unglückliche Gesicht richtig an. Die Frau hat ihre Kinder nicht umgebracht. Will das Gericht wieder einen Menschen unschuldig einsperren? Hört mit den Folterungen gegen Frau W. auf; sie ist unschuldig.«

Hinweise auf andere mögliche Täter rügen zugleich eine angeblich eingeengte Ermittlungsarbeit.

Empfehlungen zur Täterermittlung (beziehen sich überwiegend auf: Pendel, Hypnose, Hellsehen, Astrologie und Graphologie):

»Die Eltern W. sollten in diesem Fall hypnotisiert werden.«

»Das Pendel sagt immer die Wahrheit. Sie können ihren Goldring nehmen und einen weißen Zwirnsfaden.«

»Wenden Sie sich an Hellseher H. in B.«

»Die Handschrift wird Ihnen sagen, welche der beiden Seelen morden kann.«

»An diesem Urteil ist das Horoskop des Richters schuld.«

Diese Hinweise werden nicht selten in eine Form gekleidet, die den Verdacht auf eine irgendwie geartete pathologische Befindlichkeit des/der Schreibers/in oder einen besonders niedrigen Intelligenzgrad nahelegt.

Eine Reihe von Schreibern nutzt die Gelegenheit, mehr

oder weniger sinnvolle *Bezüge zur eigenen Lebensgeschichte* herzustellen. Gelegentlich ufern solche Bezugnahmen zu konfusen Selbstdarstellungen aus:

»Wo eine Strafanzeige nach die andere über mich hereingebrochen ist, ohne daß mir bewußt war, welchen meiner Mitschwester und Mitbrüder ich ein derartiges Unrecht begangen haben könnte ... Grüß Gott mit frohem Herzen.«

»Mit 28 Jahren stand ich als Witwe mit meinen drei Kindern unversorgt da, Krieg und Bomben waren unsere Begleiter. Selbst Verurteilung mitgemacht, 7 Meineidzeugen – im Rußland und im Kaukasus waren wir 4000 km von der deutschen Heimat entfernt ... Wo ich mich jetzt befinde, das nennt man Gefängnis (folgt Name und Ortsangabe). In diesem Lande nennt man mich Ausländer.« »Ich arbeitete im Krieg bei einem guten Inspektor, er war Frauentyp und sonst sehr beliebt.«

»Ich bitte, meine Post an Frau W. weiterzuleiten, ich bin ein ruhiger Typ und arbeite täglich 8 Stunden.«

Verdacht auf pathologische Befindlichkeit:

»Ich lege Ihnen ein Bild von Herrn Barschel bei. Ich wußte ja schon von seinem Tod, als er vor der Presse noch lebendig seine Aussage machte.«

»Ich selbst bekomme immer wieder von drüben die Aufforderung: Hilf der Mutter.«

»Ich habe Frau W. gesehen, so wie ich Tschernobyl habe brennen sehen. Bei spiritistischer Befragung: eines der Mädchen hat den Mörder in die Hand gebissen.«

»Ich bitte Sie, *mir* die Strafe absitzen zu lassen.«

»Ich habe die Gaswolke gesehen, mit der Frau W. getötet hat.«

Allgemeine religiöse moralisch- ethische Kommentare:

»Gott unser allerhöchster, allmächtiger, hochheiliger Vater hat uns armen Menschensündern die Erde als Paradies übergeben, und was machen wir daraus?«

»Ich bin bereit, dem Gericht darzulegen, daß die Angeklagte auch in dem Fall freizusprechen ist, wenn ihr ein Verschulden an dem Tod der Kinder nachgewiesen wird ... Zugegeben, diese Ethik übersteigt das Gesetz, aber das ist eben christliche Ethik, dieser Ethik sind wir Christen verpflichtet ...«

»Wir sind alle Lastenträger auf Gottes Paradiese, wir haben alle Fehler in unserem Herzen und über unser Dasein zu beklagen ...«

Zeugenaussagen:

»Die Zeugen sind nicht sattelfest und zuverlässig, fallen, wenn es um Tatsachen geht, leicht um. Man kann auch nicht genau erkennen, wer in einem fahrenden Auto sitzt.«

»Man sollte sich nicht so an die Zeit binden, schon gar nicht, wenn mehrere Leute befragt werden, die Zeiten werden leicht verwechselt.«

»Wie ist es möglich, daß ein Dutzend Menschen am Montagvormittag sich in einem Haus trifft und keiner davon wochentags arbeitet? Es liegt der Verdacht nahe, daß es ein Sonntag war, an dem sich alle trafen. Dann wären alle als Zeugen nicht zu gebrauchen.«

Stellungnahme zum zu erwartenden Urteil:

»Ihr Richter habt es in der Hand, daß diese Tat gesühnt wird. Es gibt so viele Beweise – z. B. die Fasern, die unter den Fingernägeln der toten Kinder gefunden wurden. Die Medien sprechen viel zu gut über diese Aminutte. *Hoffentlich* kein Freispruch.«

»Ich wünsche Ihnen viel Kraft, und lassen Sie sich von unserem Herrgott leiten, der unschuldig ermordeten Kinder wegen!«

»Begehen Sie keinen Justizirrtum, dies wäre nicht der erste Fehler, den Gerichte gefällt hätten.«

»Wir lesen von der Bildzeitung, Frau W. ist die Schuldige und nicht Herr W.«

»Auf keinen Fall bleibe ich still, wenn Sie wieder damit anfangen und vielleicht auf April vertagen wollen.«

»Sachverständige Gutachten: gleichen heute genau so wie bei der Judenverfolgung.«

Justiz- und Urteilsschelte, Schwerpunkt: Männerjustiz:

Nach der Urteilsverkündung lebt die Äußerungsfreudigkeit deutlich auf.

»Millionenfach hat die Justiz mit ihren Penisurteilen bewußt Unrecht an Frauen begangen. Hur*er*, Nutt*er*, Penisjauch*er* entrüsten sich, um die eigenen verbrecherischen Taten des eigenen minderwertigen Geschlechts, der männlichen Pornobrut herunterzuspielen und wieder alle Schuld auf die Frauen abzuladen.«

»Dies ist ein frauenfeindliches Urteil, ein Komplott.«

»Ein Psychologe sind Sie wahrlich nicht und absolut kein guter Jurist. Mit Verachtung für Sie ...«

Allgemeine Urteilsschelte:

»Die BRD muß sehr viel mehr tun, um solche Fehlurteile, wie ich sie sehe, zu verhindern, oder sollen wieder Verhältnisse aus dem 1000jährigen kommen?«

»Ich kann so einem harten Urteil nicht einfach gedankenlos zuhören.« – »Das Urteil in Ihrem Amt ist einfach superleichtsinnig.«

»Ach, meine Herren, Sie wissen so vieles nicht. Sie sollten statt sogenannter Wissenschaftler mal Menschen in ähnlichen Situationen fragen. Können Sie noch ruhig schlafen?«

»Hier in Holland ist und würde niemals ein Angeklagter aufgrund von fadenscheinigen Indizien überhaupt verurteilt werden, denn bei einem (liberalen, angeblich) Minister dürfte so eine Fehlverurteilung eigentlich nicht möglich sein.«

Zustimmung zum Urteil (auch Urteilsverschärfung):

Auf einer Blumenglückwunschkarte: »Danke für ein sehr gerechtes Urteil.«

»Ihnen und allen Teilnehmern des Gerichts gebührt Dank und Respekt für das mutige Urteil.«

»Um eine nicht völlig lückenlose Indizienkette schließen

zu können, ist Kombinationsgabe, Logik und Einfühlungsvermögen erforderlich. Diese Fähigkeit darf man dem Schöffen wie dem Richter von F. zubilligen.«

»Wenn auch die Justiz oftmals zu Kritik Anlaß gibt, dieses Urteil hat vielen gezeigt, daß es noch sehr gute, klarsehende Richter gibt.«

»Hätten Sie Frau W. freigesprochen, wie es zuerst geplant war, wären Sie ihr Leben lang nicht zur Ruhe gekommen.«

»Sollte der Prozeß noch einmal aufgerollt werden, so wünsche ich mir, daß Frau W. eine noch härtere Strafe bekommt.«

»Legt ihr einen Strick in die Zelle, oder was ins Essen, damit sie langsam zugrunde geht; sie verdient es nicht anders. Sie muß Spießrutenlaufen bis ans Ende.«

Gelegentlich finden sich Hinweise auf eine *Revision des Urteils.*

»Ich schließe mich dem Staatsanwalt an, der hat die Situation richtig erkannt.«

»Ich kann die Verteidiger der M.W. gut verstehen, wenn sie Revision einlegen wollen. Sie können sich mit dem gefällten Urteil noch nicht zufriedengeben.«

»Es wäre an der Zeit, Revision einzulegen.«

»Ich schlage Ihnen vor, wir rekonstruieren gemeinsam noch einmal den Tathergang. Meine Familie und ich stehen Ihnen dafür zur Verfügung.«

Wie lassen sich die Eindrücke, die diese Schreiben vermitteln, den Trends folgend, die sie deutlichen machen, zusammenfassen?

Auffallend ist das hohe Maß an Selbstsicherheit und subjektiver Gewißheit, die ›richtige‹ Auffassung zu haben und sie den Behörden hilfreich zu vermitteln. Gleichzeitig wird aber eine manchmal erschreckende Unkenntnis geltenden Rechts erkennbar, die einhergeht mit der Überzeugung zu wissen, was ›rechtens‹ sei. In weitem Umfang erscheint die Neigung, Vorurteile zu bilden und Klischees zu profilieren. Sehr viele glauben, genau zu wissen, was eine ›Frau‹ will, was ein ›Mann‹ will, wie Muttergefühle auszusehen haben, wie ›man‹ sich in bestimmten Situationen zu benehmen hat. Man trägt Identifikation mit moralischen und ethischen Normen vor und bringt zum Ausdruck: »... denn Gott sei Dank, ich bin nicht so.«

Freude an Kriminalphantasien. Detektivspielen, als Jagdhund auftreten sind erkennbar; Gedanken zur Rache, Ahndung, Sühne werden geäußert. Die Einschätzung der Instanzen, die mit der Aufklärung und Aburteilung von Verbrechen befaßt sind, offenbaren neben der schon erwähnten, weit verbreiteten Unkenntnis der tatsächlichen Rechtsprechung sehr viele ganz und gar irrationale Projektionen und überwiegend Rechtsverdrossenheit.

Zu den Hauptpersonen (auf eine einfache Formel reduziert):

Eine Frau, die nicht treu ist, die sich ›herumtreibt‹ (wobei alte Vorurteile gegen die amerikanische Besatzung aufkommen), ist eine potentielle Mörderin; ein Mann, der möglicherweise zu viel Alkohol trinkt, ist moralisch suspekt. Das Vertrauen in irrationale Lösungswege, die zur Lösung eines kriminalistischen Problems führen könnten, ist bei vielen anscheinend unerschütterlich.

Von den Menschen, die sich schriftlich äußern zu müssen glaubten, hatte nicht ein einziger persönlich an einem Hauptverhandlungstermin als Zuhörer und -schauer teilgenommen, aber ganz offenbar fühlten sich alle bestens informiert und waren der Überzeugung, eine so gute Informationsgrundlage zu haben, daß sie sich zu Entscheidungen: schuldig oder unschuldig sowie zu Sanktionsvorschlägen in der Lage fühlten. Daß Informationen unvollständig, subjektiv oder gar tendenziös gefärbt sein könnten, kam niemandem in den Sinn. Verschiedene Blätter hatten sich, wie der ganzen Linie, dem Tenor ihrer Berichterstattung unschwer zu entnehmen war, förmlich auf eine Vorverurteilung der vermeintlichen Täterin ›eingeschossen‹ – was einer Journalistin sogar eine Beschwerde beim Deutschen Presserat eintrug.

In den Jahren 1996/97 erlebte die Öffentlichkeit eines jener

Ereignisse, das in deutschen Gerichtssälen nur sehr selten anzutreffen ist: der Prozeß gegen M. W.-B. wurde wieder aufgenommen, vor einem anderen Landgericht, das nicht mehr in unmittelbarer Nähe des Wohnortes der Angeklagten lag. Die Szene hatte sich verändert: einige Bezugspersonen der Angeklagten waren fast ständig anwesend. Sie waren zurückhaltend und gaben außer der Tatsache, daß sie die Nähe der Angeklagten auf dem Gerichtsflur suchten, keinerlei Teilnahmezeichen von sich. Das Publikum benahm sich gleichfalls dezent: wie fast immer bildeten den Löwenanteil ältere bis alte Frauen, die regelmäßig erschienen, die Prozeßbeteiligten ersichtlich scharf beobachteten, sich jedoch jeglicher emotionaler Äußerung enthielten.

Ermahnungen von seiten des Gerichts, was das Verhalten im Zuschauerraum betraf, waren unnötig: Wohlverhalten war anscheinend eine Selbstverständlichkeit. Ein einziges Mal versuchte ein offenbar gestörter Mann zu randalieren – und wurde schnell und unproblematisch des Saales verwiesen und erschien nie wieder.

Dennoch war die subjektive Meinungsbildung spürbar, und manchmal kam sie auch verbal zum Ausdruck, wenn man an der Haltestelle vor dem Gericht gemeinsam auf den Bus wartete oder auch während der Fahrt. Einer der (jünger als sein Lebensalter aussehende) Verteidiger (48) wurde zum Beispiel als ›dieser junge Mann‹ tituliert: anerkennend, von einer Dame, die deutlich die 70 überschritten hatte: »So jung wie er ist, so tüchtig ist er auch.« – Sie hat keine Chance, ihre Auffassung zu überprüfen. Wenn sie nicht zufällig sein wahres Alter erfährt, wird sie an ihrem Image vom ›tüchtigen jungen Anwalt‹ festhalten.

Ja, Luftschlösser bauen wir alle, und wir versuchen auch, in ihnen zu wohnen – und seien es nur Festungen unserer Meinungsbildung, nicht immer nur Traum- und Märchenschlösser, sondern schlichtweg Behausungen für unsere Selbstgewißheit, unseren festen Standpunkt per Vorurteilsbildung, den wir brauchen, um uns in der Überfülle der auf uns einstürmenden Informationen einen unverrückbaren

Punkt zu schaffen, von dem aus wir die Welt durch unsere subjektive Brille betrachten können, von wo aus wir unser subjektives Augenmaß entwickeln können.

Einen Höhepunkt erreicht die Neigung, sich nicht nur eine Meinung zu bilden, sonden sie auch öffentlich zu verkünden, im ›outing‹ der Talk-Shows, die enorm viel Material verbrauchen und zu deren Teilnahmschance sich die Menschen drängen, häufig zu Themen, die ›eigentlich‹ ins stille Kämmerlein bzw. in die Kommunikation zwischen zwei Menschen gehören.

War das die Wahrheit, was wir über Lady Di erfahren konnten? War das sie selbst, die da in unzähligen Spiegelungen erschien, die Prinzessin der Herzen, die Frau mit den vielen Facetten, deren jede für irgendeinen Menschen, der sich in der Trauer um sie engagierte, einen ›Aufhänger‹ bot? Nein, sie war und ist und bleibt ein Kunstprodukt aus Wirklichkeit, Traum, Sehnsucht, Projektion und unauslöschlichen Bedürfnissen, für die wiederum nur wir selbst verantwortlich sind, die wir konsumieren, was uns vorgesetzt wird: Promoter und Opfer zugleich, Gläubige und Getäuschte. Informationsobjekte und Urteilslose, Vorurteilsbeladene, Dumme und Intelligente, Aufgeklärte und Unwissende. Von Wahrheit ist das alles weit entfernt.

Dabei kann man alle diese imageähnlichen Gebilde nicht einmal definitiv ›Lügen‹ nennen. Ich erinnere mich eines Onkels aus meiner Jugend, der herrlich erzählen konnte – eine Mischung von wahr und falsch und gestellt: »Stimmt das auch, was du erzählt hast?« (denn manches war allzu bunt und spannend, um der Realität zu entsprechen) – und der Onkel antwortete mit schöner Offenheit: »Ach, hört auf, wahr braucht das nicht zu sein: Hauptsache, es ist schön!«, womit er einen Teil des Geheimnisses der Unterhaltsamkeit haarscharf auf den Punkt gebracht hatte.

Wie man im Dritten Reich lernte, mit tödlichen Wahrheiten umzugehen.

Eine Zeitzeugin berichtet

Ich bin Jahrgang 1920, das heißt, im Schatten der Inflationsjahre aufgewachsen. Meine ersten sprachlichen Nachahmungsleistungen bestanden darin, daß ich eilfertig frühmorgens die durch den Türschlitz gesegelte Zeitung ergriff, sie meinen Eltern ans Bett brachte und, weil sie sich erfahrungsgemäß auf den neuesten Stand der Mark stürzten, erwartungsvoll fragte: »Teht der Dollar?«, denn das war zum auch für mich ablesbaren Stimmungsbarometer geworden.

Auch dem Vorschulkind wurde ahnungsvoll deutlich, daß die eigene stabile wirtschaftliche Situation des Vaters als Alleinverdiener es zu den Privilegierten zählen ließ, die keine Existenzsorgen hatten.

Beide Eltern waren der Geisteshaltung nach humanitär orientiert, ohne daß das Kind dies benennen konnte. Jedoch ihr Vorbildverhalten vermittelte deutlich, was es mit dieser Einstellung auf sich hatte. Die Eltern besprachen Alltagsprobleme stets im Beisein der Kinder (ich hatte noch einen älteren Bruder), sie sparten nicht mit Kommentaren und Bewertungen, die insbesondere den Sinn für soziale Gerechtigkeit bei uns Kindern weckten.

Damals gab es viele Menschen aus anderen schwächeren Schichten, mit denen man unmittelbar in Berührung kam. Ins Haus kamen die ›Raumpflegerin‹, wie man heute sagen würde – damals hieß es schlicht und einfach Putzfrau –, die Waschfrau, die Plätterin als fester Hilfsbestand, ferner die Zeitungsfrau, der Milchmann, der Butter- und Eiermann, es kamen die Kohlenträger und die Kartoffelbauern, wenn es an der Lieferzeit war.

Diese Leute hatten zwar Arbeit, aber die Frauen, die sich als Haushaltshilfen verdingten, waren zum Teil die Ernährerinnen ihrer Familie, weil die Männer bereits von der heillos sich entwickelnden Arbeitslosigkeit betroffen waren. Mutter gab besonders der bereits durch harte körperliche Arbeit gezeichneten und vorgealterten Waschfrau stets mehr, als sie verlangte.

Auch war es üblich, ihre Tasche mit Lebensmitteln für die Familie daheim zu beladen. Jede Form der Herablassung oder des Heischens von Dankbarkeit war selbstverständlich verpönt. Auch fiel die Beköstigung an solchen Tagen üppiger aus als sonst – der Nachmittagskaffee wurde mit Torte bestückt, was sonst, an Wochentagen jedenfalls, in der Familie keineswegs üblich war.

Wir wurden angehalten, die helfenden Geister und sonstigen ›Dienstleistenden‹, wie man heute sagen würde, so höflich zu behandeln wie die Freunde und Bekannten der Eltern, die als Gäste ins Haus kamen.

Es kam mit diesen Randfiguren der Familie gelegentlich zu Enttäuschungen. So bestahl uns eine Zugehfrau so dreist und schamlos, daß man dies nicht einfach ignorieren konnte. Sie hatte den Vorratskeller empfindlich dezimiert. Überdies fehlte ein goldenes Schmuckstück, das sie unter Tränen endlich wieder herausrückte, unter sanftem Druck meiner Mutter.

Sie entließ sie auf der Stelle und verweigerte ihr ein Zeugnis, weil sie nicht die Unwahrheit schreiben wollte. Aber sie ließ die Frau gleichzeitig wissen, daß sie sie nicht anzeigen werde und daß sie annehme, sie habe das ihr entgegengebrachte Vertrauen nur aus materieller Not gebrochen. Und sie warnte sie, ihre Kinder zum Stehlen anzuhalten, denn es gab einen sehr starken Verdacht in dieser Richtung.

Eine hagere, häßliche Person kam immer zu Beginn der Spargelsaison aus einem nahe gelegenen Dorf zu uns. Sie hatte einen Jungen an der Hand, der mit der gleichen Häßlichkeit geschlagen war wie sie selbst. Mutter war sehr freundlich zu ihr, redete sie jedoch mit ›Fräulein‹ an. Damals wurde jede unverheiratete Frau ganz selbstverständlich mit ›Fräulein‹ tituliert, wie ›gestanden‹ und wie alt sie auch immer sein mochte. Aber die Frau hatte doch ein Kind? Das reizte natürlich meine Neugier.

Mutter drückte sich nie um die Beantwortung von Fragen. Und so erklärte sie mir, daß diese Frau keinen Ehemann hatte, wohl aber ein Kind, das aus einer flüchtigen Liebesbeziehung mit einem wandernden Handwerksburschen hervorgegangen war, der weiterzog und sich nie wieder hatte blicken lassen. Sehr behutsam erklärte meine Mutter mir die nachvollziehbare Sehnsucht einer von der Natur benachteiligten Frau nach Liebe und Zuwendung und wie bitter diese Frau enttäuscht worden war.

Natürlich ging mir das im Kopf herum, die Mutter hatte verstanden, mein Mitgefühl zu wecken, und wie immer identifizierte ich mich mit ihrer Auffassung, daß man, wenn es auch den gängigen Maßstäben der Zeit entsprach, kein Recht hatte, über eine solche Frau den moralischen Stab zu brechen.

Hitler spukte bereits in der deutschen Politik herum. Vater ließ, da im Elternhaus viel über Politik gesprochen wurde, es nicht an Warnungen gegenüber Leuten, mit denen wir gesellschaftlich verkehrten, fehlen. Es gab etliche Gleichgesinnte, die ähnlich düster in die Zukunft sahen wie er, aber auch viele, die sich nach der ›starken Hand‹ sehnten. Informationen über die politische Lage bezog man aus der lokalen Tageszeitung. Vater hielt zusätzlich ein überregionales Blatt – was damals absolut nicht die Regel, eher die Ausnahme war. Man kaufte gelegentlich illustrierte Blätter, hörte Radio, sah bei gelegentlichen Kinobesuchen die Wochenschau. Daher kannte man die Stimme Hitlers und seine schwülstigen Tiraden, deren Gedankengut den Eltern zutiefst zuwider war. Das Buch ›Mein Kampf‹ wurde angeschafft, blieb aber weitgehend ungelesen liegen. Eltern sowie die als Leseratten geltenden Kinder konnten die verblasenen Auslassungen des späteren ›Führers‹ nicht ertragen. Mutter stellte ganz laienhaft aber sicher sehr treffend die Diagnose: ›Psychopath‹ angesichts der sich überschlagenden Stimme Hitlers, ebenso wie der verkrampften Gestik, die auf Fotografien und Filmaufnahmen karikaturös zum Ausdruck kam. Weder mein Bruder noch ich hatten dem etwas entgegenzusetzen, obwohl wir beide bereits in dem klassischen Alter waren, in dem man gegen die Meinung der Altvorderen gern opponierte. Bei der sogenannten Machtübernahme war ich zwölf Jahre und ein paar Monate alt und Gymnasiastin.

Die Eltern verbanden mit diesem historischen Ereignis die düstersten Befürchtungen, die sich später dann auch allesamt bewahrheiteten. Im Frühjahr 1933 ereignete sich eine absurde Geschichte.

In unserer Parterrewohnung wurden nachts die Oberlichter mit Steinen eingeworfen, die mit einem Papier umwickelt waren, das kommunistische Parolen enthielt. Mein Vater wollte das zunächst auf sich beruhen lassen, unterrichtete aber doch einen Beamten des zuständigen Polizeireviers – damals waren solche Leute wirklich noch der ›Schutzmann um die Ecke‹, den man kannte. Die Polizei war bereits ›gleichgeschaltet‹ – also ging nachts jemand Streife, um den ›Volksfeind‹ dingfest zu machen. Tatsächlich wurde der Übeltäter festgenommen, der sich als strammer SA-Mann entpuppte. Sein Motiv war, satte Bürger, die noch nicht Parteigenossen waren, mit der Gefährlichkeit der Kommunisten zu konfrontieren.

Natürlich geschah dem Mann gar nichts, es wurde sogar versucht, ihn als eine Art Nationalheld zu verkaufen.

An dieser Bagatelle der Rechtsverdrehung und der ideologischen Lüge wurde uns aber vor Augen geführt, woher jetzt ›der Wind wehen‹ würde. Sehr schnell mußte man erkennen: offener Widerstand, aufrechte, ehrliche Opposition konnte unversehens tödlich enden. Die Machtverhältnisse wurden erschütternd deutlich. Wir waren ohnmächtig und konnten uns nur ›drücken‹, wo immer es ging. Es sagt sich heute so leicht dahin: Warum hat sich denn keiner aufgelehnt? – Man hätte dabei unweigerlich sein Leben riskiert.

Die Schule, die unser geistiges Lebenszentrum war, war bereits total ideologisiert. Die meisten Lehrerinnen und Lehrer, vor allem die ersteren, identifizierten sich mit der nationalsozialistischen Weltanschauung und ließen sie ungebremst durch andere Inhalte, vor allem im Deutschunterricht, auf uns los. Wenn ich mittags von einschlägigen schwärmerischen Bonmots – oder auch ohne dieselben – einer bestimmten ungeliebten Lehrerin erzählte, ließ meine Mutter regelmäßig spöttisch-bittere Worte über ›diese blöden Weiber‹ fallen, die in den ›Führer‹ verknallt waren und ihn anhimmelten. Sie wies dann auch auf zwei weibliche Verwandte meines Vaters hin, die sie als hysterisch bezeichnete, weil sie einen wahren Hitlerkult betrieben. Damals kühlten sich viele bis dahin intakte soziale Beziehungen sehr stark ab bzw. erloschen ganz, weil sich unüberbrückbare Auffassungsgegensätze herausstellten – wobei man auf der Hut selbst vor einst nahestehenden Menschen sein mußte, denn das Denunziantentum blühte und verschaffte Eigenprestige bei den totalitären Machthabern.

Was die Eltern an Argumenten vorbrachten, war stets moralisch integer, unverrückbar demokratisch und humanitär. Dies Wertesystem saß auch in unseren noch unreifen Köpfen fest und war durch nichts zu erschüttern.

Natürlich konnten deshalb mehr oder weniger erhebliche Konflikte nicht ausbleiben. Wer nicht zum krassen Außenseiter in seiner Gruppe werden wollte, mußte sich ›organisieren‹. Ein kleiner Kreis von Klassengenossinnen wählte den zunächst nicht ›braunen‹ Weg und trat in den VDA (Verband der Deutschen im Ausland) ein, der sich allerdings auch eine Uniform zugelegt hatte: dunkelblau mit weißen Blusen und kornblumenblauen, mit einem Lederknoten gerafften Halstüchern. Bei festlichen Aufmärschen an den sich mehrenden staatlichen Feiertagen sah man zwar überwiegend die Jungmädel und Bund Deutscher Mädel in ihren braunen Kletterwesten mit dem Hakenkreuz, aber es mischten sich eben auch unsere dunkelblauen dezenten Outfits darunter – und wurden bald zu Outcasts. Natürlich war der VDA auch eine nationalistische Angelegenheit, jedoch hatte man den Spielraum, ihn gedanklich umzufunktionieren. Er hatte den Beigeschmack des Exotischen, des Fensters in die Welt, in die lockende, geheimnisvolle Fremde, in die man hoffentlich, wenn die Enge der heimischen Lebensform, der Knebelung der Freiheit einmal überwunden sein würde, gelangen würde, um sich unabhängig zu bewegen – etwas, wovon man schon in den Anfängen des Regimes träumte.

Aber dann kam, was kommen mußte. Auch wir wurden ›gleichgeschaltet‹. Der VDA wurde aufgelöst und in die Hitlerjugend überführt. Es gab eine gewisse Karenzzeit, in der die blauen Jacken mit einem aufgenähten Rhombus mit dem Hakenkreuz noch geduldet wurden. Die blauen Halstücher hatte man durch schwarze zu ersetzen, die blauen Röcke waren ohnehin bei beiden Uniformen die gleichen, das also war unproblematisch. Aber die nazibraunen Kletterwesten (Wieso eigentlich ›Kletterwesten‹?) waren eher ein männliches Kleidungsstück für diejenigen Jungen, die nach Hitlers Willen ›flink wie Windhunde, zäh wie Leder und hart wie Kruppstahl‹ sein sollten.

Meine Mutter, die sich tapfer im passiven Widerstand übte und die statt des Pflichtgrußes ›Heil Hitler‹ irgend etwas brummte, was alles mögliche heißen konnte, weigerte sich, mir diese ›widerliche gelbe Jacke‹ zu kaufen. Natürlich brachte sie mich damit in peinliche Verlegenheit, denn jedes Mal, wenn ich wieder mit der blauen Jacke zu einem Gruppenabend erschien, fragte die sogenannte Führerin mit wachsender Bosheit: »Wann wirst du endlich die richtige Kletterweste anhaben? Deine Eltern haben doch Geld (dies mit gehässigem Unterton, denn die ihren hatten selbst deutlich weniger).« Ein paarmal redete ich mich heraus: »Nächstes Mal, bestimmt!« Dann wurde es zum Glück wärmer, und ich fror lieber, als daß ich mich dem feindlichen Bohren dieses Mädchens aussetzte. Ich wußte, es war zwecklos, die Mutter zum Nachgeben zu bewegen, und ich war auch so mit ihr eines Sinnes, daß ich dies gar nicht ernstlich versucht hätte. Allerdings ließ sie mich nicht im Stich: Wenn zum Beispiel in der kalten Jahreszeit eine offizielle Kundgebung drohte, schrieb sie mir eine Entschuldigung, die eine erfundene

Krankheit zum Inhalt hatte – ich mußte dann nur daran denken, strikt freiwilligen Hausarrest einzuhalten. »In manchen Fällen muß man einfach lügen, der Kerl [Hitler] zwingt einen ja dazu. Aber immer noch besser, als aus seinem Herzen eine Mördergrube zu machen und sich nach denen zu richten. Denn der Kerl ist ein Mörder und er wird ein noch immer größerer werden«, sagte sie ahnungsvoll.

Es ist mir gelungen, mit der Verweigerung der ›gelben Jacke‹ durchzukommen, obwohl es nicht einfach war. Ich habe daran gelernt, daß es höherwertige Güter als die blinde Konformität gibt, die Winkelzüge nötig macht, die nicht dem strengen rigorosen Wahrheitsideal entsprechen.

Korrekterweise muß ich zugeben, daß die Organisation für mich nicht den Reiz hatte, den sie für viele besaß: die körperliche Ertüchtigung gehörte zu ihren Idealen, die gesunde deutsche Frau, die dem Führer möglichst viele tüchtige, erbgesunde Kinder schenkte. Damit hatte ich nun gar nichts im Sinn – Sport erschien mir sinngemäß als eine höchst egozentrische Form der ›Tüchtigkeit‹, und auch die robusten ›nordischen‹ Jungnazis, diese äußerst unsensiblen und meist auch recht ungeistigen Nazis waren mir eher unheimlich bis zuwider – unsympathisch in gelinder Form allemal. Das war auch der Grund, weshalb ich mich freiwillig von der damals üblichen Tanzstunde ausschloß. Das hätte nur neue Komplikationen zur Folge gehabt.

Wie schon erwähnt, spielte der Turnunterricht damals eine große Rolle: er wurde rein quantitativ (5 Wochenstunden) und in seinem Bedeutungsgehalt für das nazistische Menschenbild sehr hoch bewertet.

So machte ich meine Erfahrungen mit einer jungen, äußerlich höchst attraktiven Sportlehrerin. Sie war mit einem SS-Offizier verlobt und schwamm auf der gängigen politischen Woge überzeugt mit. In unserer Klasse gab es ein körperlich durch eine Fettsucht – kein Mensch wußte, woher diese Deformation kam – stigmatisiertes Mädchen, das folgerichtig scheu, in sich gekehrt und auch nicht besonders intelligent war, aber mitleiderregend für eigentlich jeden halbwegs normal empfindenden Menschen. Die Sportlehrerin hatte sie im Visier. Geräteturnen war angesagt. Barren, für unsportliche Menschen ein Horror. Es war absolut klar, daß die schwachen, untrainierten Arme jener Gertrud ihr Körpergewicht nicht halten, geschweige denn manipulieren lassen würden. Sie wurde erbarmungslos über das Gerät gehetzt. Sie mühte sich, Verzweiflung im Blick, kroch hilflos über die Holme, hielt sich mühsam fest. Die Lehrerin schlug eine grelle Lache an: »Guckt sie euch an, unseren Mehlsack«, geiferte sie förmlich und erlöste das arme Geschöpf auf ihre Art: »Runter da, das ist ja nicht anzusehen, Mehlsack!« Beifallheischend blickte sie herum. Ich sah ihr direkt in die Augen, versuchte, soviel kalte Verachtung wie möglich in meinen Blick zu legen. Sie senkte die ihren, schien zu begreifen, rief nervös eine begabte Turnerin als nächste auf, die dann scheinbar mühelos elegant die geforderte Übung absolvierte.

Die Klasse war stumm geblieben, die meisten schienen peinlich berührt. Ich hatte beschwörende Blicke herumgeschickt – ob sie das Schweigen der Mitschülerinnen mit bewirkt haben, kann ich bis auf den heutigen Tag nicht sagen. Was mir noch lange nachging, war die Feigheit, die mich nicht herausschreien ließ: »Sie Schwein!«, wie mir eigentlich in den Sinn gekommen war. Aber man war schon so sehr daran gewöhnt, seine wahren Gefühle zu verbergen – was in bestimmten Situationen auch einer Lüge gleichkommen kann –, daß man den Mund hielt. Unterschwellig war die Erkenntnis am Werk: Wenn du jetzt aktiv wirst, hast du fortan die Hölle auf Erden. Ein ›ungenügend‹ im Sport konnte die Zukunft entscheidend beeinträchtigen.

Um nicht den gleichen Machtexzessen ausgeliefert zu sein, flehte ich meine Mutter an, mir Entschuldigungen fürs Geräteturnen, bei dem man auch mich jederzeit hätte der Lächerlichkeit preisgeben können, zu schreiben. Im Sommer, wenn Leichtathletik angesagt war, hatte ich keine Probleme, aber immer dann, wenn der Unterricht in der Turnhalle stattfand. In diesem Fall spielte meine Mutter nicht mit. Sie sah keinen politischen Zusammenhang, der in meinen Augen jedoch sehr wohl bestand. Also entschloß ich mich, zu einem Arzt zu gehen, der mir (er stand kurz davor, seine Praxis aufzugeben) ohne Untersuchung meine vorgegebenen Beschwerden glaubte und mich mit einem Dauerattest von sportlichen Kraftübungen befreite. Meine Mutter nahm es, der Unwahrheit gewiß, stirnrunzelnd zur Kenntnis, die Sportlehrerin akzeptierte das wortlos. Auf die Idee des passiven Widerstandes gegen bestimmte Methoden des Umgangs mit Menschen kam sie wohl nicht.

Qualvoll waren auch die für den Deutschunterricht wohl von oben herab verordneten Hausaufsatzthemen. Eines lautete: »Das deutsche Eintopfgericht« (das bekanntlich – oder auch vergessen – einmal im Monat auf dem deutschen Speisezettel zu stehen hatte.) Weh dem, aus dessen Haustür oder Fenstern an jenem Zwangssonntag Bratenduft wehte. Er mußte anzeigefreudiger Nachbarn gewärtig sein und mit unangenehmen Rückfragen durch den zuständigen ›Blockwart‹, der in erster Linie als Parteispitzel tätig war, rechnen. Ich schrieb leidenschaftlich gern Aufsätze, und seit dies ein Schulfach war, erzielte ich eine ununterbrochene Kette glänzender Noten, die sich nur nach unten neigten, wenn es um ein Nazithema ging. Man vermißte darin Schwung und Überzeugungskraft. So hatte ich auch versäumt, die nationale Bedeutung des Eintopfgerichtes hervorzuheben und die Tugend der einfachen Lebensführung zu preisen (in Wirklichkeit diente dergleichen auch der möglichst ökonomischen Vorbereitung des zukünftigen Kriegspotentials). Statt dessen war ich auf eine Darstellung der Kochkünste meiner Mutter ausgewichen, die es verstand, auch aus bescheidenen Zutaten etwas zu zaubern. Das Aufsatzergebnis: falsches Konzept. Ich war an der Wahrheit vorbeigegangen, die doch darin bestand, daß dieser obligatorische Sonntag einmal das Volk einte und zum anderen auf künftige Beschränkungen vorbereitete, die uns sicher von jeder oralen Fleischeslust fernhalten würden. Dieser Aufsatz ging mir schwer aus der Feder, aber ein leeres Heft abgeben, bei einem solchen Thema? Das wäre allerdings ›wahr‹ gewesen. Immerhin erntete ich noch eine Zwei, wegen des Stils, nicht wegen der inhaltlichen Abhandlung des Themas.

Eines Tages begleitete ich meine Mutter zum Frisör, der angesichts meiner kindlichen weichen Zöpfe, in denen sich Haarspangen nur schlecht hielten, einen relativen Kurzschnitt vorschlug. Mutter leuchtete dies sofort ein, und sie ließ ihn Hand an mich legen. Ich wagte nicht zu widersprechen, weil ich schon ahnte, was auf mich zukommen würde. Und so kam es denn auch. Kaum hatte die Klassenlehrerin mich erblickt, hieß sie mich aufstehen (im Jahre 1936): »Was ist mit ihren Haaren?« Ich wagte nicht zu sagen: »Das sehen Sie doch!« Ich mußte den Kopf mehrfach drehen. Sie musterte mich äußerst mißbilligend. Dann streng: »Ein deutsches Mädchen trägt Zöpfe!« Dann, zu meiner Banknachbarin gewandt: »Sie, als Jungmädelführerin hätten das verhindern müssen!« Die war immerhin so mutig zu antworten: »Dazu hatte ich gar keine Gelegenheit.« Darauf ich: »Stimmt!« Das Gesicht der Lehrerin rötete sich: »Wußte Ihre Mutter davon?« Ich, an Kürze nicht zu überbieten: »Ja!« Die Lehrerin: »Dann verstehe ich Ihre Mutter nicht!« Schweigen. Fall erledigt? Nein, bis zum Abitur war das Mißtrauen der engagierten Nazisse mit Händen zu greifen.

Daß die Sache mit der Fahne gutging, über Jahre hinweg, betrachte ich noch heute als eine Art Wunder. Wie Mutter, die dafür zuständig war – um die Kleidung seiner Kinder kümmerte sich Vater nicht – sich weigerte, die ›gelbe Jacke‹ zu kaufen, so waren sich beide Eltern einig, eine Hakenkreuzfahne *nicht* anzuschaffen. Jeder Privathaushalt hatte an einer geeigneten Stelle der Wohnung eine solche herauszuhängen, wenn zum Beispiel ›Führers Geburtstag‹, der 1. Mai, das Erntedankfest und viele andere Gelegenheiten zum ›Flaggezeigen‹ angesagt waren. Die Blockwarte, ehrenamtliche Parteikleinfunktionäre, hatten darüber in ihrem Bezirk, in dem sie bei frechen Mitbürgern einfach als ›Treppenterrier‹ galten, die Kontrolle. (Der Austausch einer solch diskriminierenden Bezeichnung wie ›Treppenterrier‹ setzte übrigens schon eine gewisse vertrauliche Einverständlichkeit voraus, denn das

Regime war neben seiner Bösartigkeit folgerichtig auch von penetranter Humorlosigkeit. Die Mißachtung eines ›Parteiorgans‹ konnte tödliche Folgen haben.)

Kurzum: Wir wurden ständig mit drohendem und bösartigem Ton ›abgemahnt‹ und hatten wechselnde Ausreden parat – ich weiß, daß wir einmal extra ein paar Ferientage einlegten und in den Harz fuhren –, ob aus Trägheit, einer irgendwie doch unterschwelligen Harmlosigkeit oder warum auch immer. Sie ließen schließlich von uns ab. Aber ich bekam, als ich auf der Parteidienststelle eine Sammelbüchse mit dem Ertrag einer Sammlung für die ›Winterhilfe‹ abgab und meinen Namen nennen mußte, aus einem angrenzenden Zimmer den Kommentar zweier aggressiver Männerstimmen mit: »Ach, die – ö – das sind ganz unsichere Kantonisten.« – »Ja, die müssen wir scharf im Auge behalten. Staatsfeinde!« Der Mann, der die Büchse entgegennahm, sah mich prüfend an. Ich zeigte keine Reaktion, tat, als hätte ich nichts gehört, rannte zitternd nach Hause und berichtete. Die Eltern blieben stoisch. Aber solche vermeintlichen Bagatellen – die für andere keine waren – summierten sich mit der Zeit. Mein Bruder, mit provokantem Mundwerk ausgestattet, zog sich den Zorn eines kleinen Beamten zu, dem er auf die Frage: »Wo sind Sie organisiert?« zur Antwort gab (ich kann mir seinen Ton dabei vorstellen) »In der Krankenkasse!« So etwas war in etwa der früheren ›Majestätsbeleidigung‹ vergleichbar. Meinem Vater entfuhr, als er auf den mangelnden Gebrauch des Hitlergrusses in seiner Firma drohend hingewiesen wurde, dem Kreisleiterbüro gegenüber ein ›auf Wiederhören‹ als der Anrufer seine Tirade mit einem zackigen ›Heil Hitler‹ abschloß.

War das Widerstand? Heldenhafter auf gar keinen Fall. Es war Verstellung, Lavieren, eher schwächliches Sichverweigern. Unverhohlenes Verweigern hätte Folgen gehabt, für die einem einfach der Mut zur Selbstopferung fehlte. Wir umschifften gefährliche, lebensgefährliche Klippen, aber wir rannten nicht im Sturm gegen sie. Wir hofften, in einer Nische der kaschierten Opposition zu überleben.

Schlimm war die Gegenwart der Tochter eines oberen Regierungsnazis in der Parallelklasse (die, wenn sie noch lebt, seit langem in Südamerika wohnen soll). In der Klasse gab es auch eine Freundin von mir, niederländischer Staatsangehörigkeit, deren Vater einmal von der Polizei verhört wurde, weil man seine Post kontrollierte und hinter dem offenen Austausch von Schachaufgaben mit einem Hobbyfreund konspirative Machenschaften witterte. Wir trafen uns regelmäßig an einer bestimmten Ecke, um den Schulweg gemeinsam zurückzulegen. Wir hatten längst entdeckt, daß man dabei völlig ungeschützt, d. h. offen miteinander reden konnte. Eine Wohltat. Aber wir sahen uns beide auf dem Weg zur Schule mehrfach um. Konnte auch niemand unser Gespräch akustisch wahrnehmen? Wir schalteten blitzschnell um, wenn jemand in Hörweite gelangte. Überhaupt hatte man eine gewisse Vorsichtsstrategie entwickelt, die aus halben, jederzeit zurücknehmbaren Andeutungen bestand, vagen Stimmungsäußerungen, die zunächst nie ganz eindeutig waren, irgendwann aber in die Richtung deuteten, die man miteinander einschlagen durfte. Im Kriege erstreckte sich dies insbesondere auf Informationen, die man durch das streng verbotene und drastisch bis zur Todesstrafe hin zu bestrafende Abhören der BBC erlangt hatte. Dies bildete dann eine gemeinsame Basis für den Ausdruck an Schrecken, Empörung, schlimmen Befürchtungen. Wir glaubten diesem Sender, dem Propagandageheul des eigenen Radios glaubten wir nicht.

Aber wie und mit wem darüber reden? Und über all diese anderen verbergenswürdigen Ahnungen oder über definitives Wissen?

Das letztere war seltener, als die heutigen Generationen behaupten. Immer wieder heißt es in wechselnden Kontexten: »Das müßt ihr doch gewußt haben.« Da liegt eine Verwechslung vor: Die Leute, die dies unterstellen, sind in einer ganz anderen Gesellschaft groß geworden als wir damals. Wenn man einander nicht genau kannte und wußte, was man voneinander zu halten hatte, war äußerste Vorsicht geboten.

Man mußte sich, wenn es um Meinungsaustausch ging, sehr behutsam mit einer raffinierten Strategie an einen potentiellen Gesprächspartner herantasten.

Menschen verschwanden. Es waren jüdische Mitschülerinnen. Ich entsinne mich einer bezaubernden jungen Jüdin, die ich bewunderte, weil sie diskret, d. h. zurückhaltend und, wie gesagt, bildschön war. Eine Tochter der Oberschicht, das begriff ich. Und eines Tages war sie weg. Später erfuhr ich, daß sie mit ihren Eltern emigriert war. Es wurde in unserer Klasse kein großes Aufhebens darum gemacht. Selbst die Nazilehrer waren schweigsam.

Meine Mutter war mit einer unverheirateten älteren Dame jüdischer Herkunft befreundet. Sie war eine liebe, etwas naive Person. Ich wurde gelegentlich zu einem Kaffeebesuch zu ihr mitgenommen, sie kam auch zu uns. Als sie den Judenstern tragen mußte, wollte sie uns taktvoll von der Freundschaft mit uns entbinden. Wir gingen jedoch weiter zu ihr, und sie besuchte uns im Schutze der Dunkelheit, mit umgeklapptem Mantelrevers, so daß der gelbe Stern getarnt war. Wir hatten einmal ihre Schwester und deren Tochter bei ihr kennengelernt, und sie erzählte uns später, die ganze Familie sei in ein ›Arbeitslager‹ gekommen, in das man sie nun in einigen Tagen auch bringen würde. Es war eine sehr beklemmende und eigentümliche Situation, die ich nicht deuten konnte. Sie sah uns an mit einem fast entrückten Blick und wiederholte immer wieder: »Dann sind wir wenigstens wieder zusammen.« Die Eltern tauschten Blicke, ich bekam eine Gänsehaut, denn wenn auch keine absolute Gewißheit herrschte, man ahnte, fürchtete sich, bekam jedoch nirgendwo klare Informationen. Sicher wußte man nur, daß es ›von dort‹ keine Wiederkehr gab. So konnten wir die Freundin vor ihrem Abtransport nur schweigend umarmen und sie bedauern, daß sie noch Hoffnungen hegte, von denen man nicht glauben konnte, daß sie sich erfüllen würden. So ging sie traurig, aber nicht verzweifelt von uns – vielleicht hatte sie ihre Ängste auch nur verdrängt. Aber als sie sich verabschiedet hatte, sagte mein Vater düster: »Die sehen wir nie wieder.«

Es war der Todeshauch, der uns anwehte – aber keine Gewißheit.

Mich hat vor einiger Zeit ein elfjähriges Kind gefragt, das gerade im Geschichtsunterricht gehört hatte, daß in Berlin Juden überlebten, weil sie von mutigen Mitbürgern versteckt wurden: »Hast du auch einen Juden versteckt?«

Nein, habe ich nicht, unsere Wohnung war nicht so konstruiert, daß man jemanden darin hätte verbergen können – wir waren ja nicht einmal imstande, einen solchen Abtransport zu verhindern. Ausrede? Nein, ich denke nicht. Wo Gewalt herrscht, bedarf es eines solidarischen Bündnisses gegen die Macht, die Übermacht dieser Gewalt. Ihr gegenüber fühlten wir uns ohnmächtig.

Ich versuche, die Situation darzustellen, wie ich sie erlebt habe. Meine subjektive Wahrheit – nichts sonst.

Ich bin nie dahintergekommen, ob diese (sehr einsam lebende) Jüdin wirklich ahnungslos war oder ob sie – auch das erscheint mir heute möglich – von fatalistischer Tapferkeit war oder auch nur nobel, indem sie uns mit ihren Problemen verschonen wollte.

Als der Krieg ausbrach, rächte sich (aber auf irgendeine Weise wäre meine Generation doch vom Geschehen eingeholt worden), daß die gesamte Oberprima sich einer Ausbildung im Fernmeldedienst unterzogen hatte. Wir wurden für vierzehn Tage aus dem Schulunterricht herausgenommen und einer Ausbildung an Telefonapparaten unterzogen (Wandkarten zeichnen gehörte auch dazu), und wir wurden schriftlich verpflichtet, unseren Lehrern nicht mitzuteilen, was in diesen zwei Wochen vor sich gegangen war.

Das Regime funktionierte in diesen Dingen bereits so perfekt, daß dies auch so ablief. Wir sagten stolz: »Dürfen wir nicht sagen!«

Schon bei den Besuchen Chamberlains in Deutschland im Herbst 1938 zitterten wir förmlich vor Kriegsangst. Ich hatte eine jugendliche Vision. Wir fuhren in unserem Cabriolet von einem Sonntagsausflug nach Hause. Das Mittelgebirge lag in einiger Entfernung links von der Landstraße. Die

Sonne ging unter, die Berge schienen in Flammen zu stehen. Ich erinnere mich, als wäre es gestern gewesen, meines Fröstelns, ja Erschauerns – ich war immer ein phantasievolles Mädchen gewesen – bei der Vorstellung, ja, nahezu Gewißheit: Das wird über uns hereinbrechen, wir werden das Inferno erleben. Es ist unausweichlich – so wie mein Vater es prophezeit hatte – »Der Kerl, Hitler, wird uns alle ins Unglück stürzen«.

Als es dann so weit war, fügte man sich mit bestürzter und bestürzender Nüchternheit in das Unvermeidliche. Am 25. August 1939 erschien ein unbekannter Bote an der Wohnungstür, händigte einen Gestellungsbefehl – offensichtlich längst vorbereitet – und eine gelbe Armbinde mit dem Aufdruck »Deutsche Wehrmacht« aus.

Am nächsten Morgen um sechs Uhr hatte man in einer bestimmten Volksschule zu sein, deren Keller bereits mit Pinnwänden, Telefoneinrichtungen, Klappenschränken zur Vermittlung an Flakstellungen usw. eingerichtet waren.

Die jungen Mädchen und Frauen, die sich hier zwangsweise versammelten, waren, was die sozialen Schichten anging, bunt zusammengewürfelt, ebenso die nicht mehr ganz jungen Männer, die gleichzeitig mit einem gemeinsamen Offizier (männlich) im Oberleutnantsrang Dienst taten und von denen keiner seine militärische bzw. parteipolitische Vorgeschichte erzählte.

Es dauerte nicht lange, bis mir als Abiturientin (denn das Regime legte Wert auf ›gebildete‹ Führungspersonen) ein Zug von an die sechzig Frauen anvertraut wurde, die jüngste wenig älter als ich, die älteste 53 Jahre alt. Unsere gemeinsame Basis wurde schnell klar; fast jede hatte ›jemanden draußen im Feld‹. Die ›ganz normale Trennung‹ war schon belastend genug. Dies steigerte sich bis zur Unerträglichkeit, wenn man die geliebten Menschen in Brennpunkten der Gefährdung wußte. Einige waren zufällig privilegierter als andere, aber es ergab sich sehr bald eine Atmosphäre, die bestimmt wurde durch das Verständnis und das Mitgefühl für die gemeinsame Befindlichkeit – jenseits aller politischen Orientierungen, jenseits irgendwelcher Ideologien. Bei uns gab es keine ›Helden‹, sondern nur der Gefahr und der Bedrängnis ausgesetzte Menschen. Ich habe das so in Erinnerung, daß sich eine auf die gemeinsame Verlustangst und den Trennungsschmerz reduzierte Solidarität entwickelte, die auch belastungsfähig wurde.

Im Anfang des Krieges war die Chance eines kurzfristigen Urlaubs aus der Truppe relativ groß. Die Männer kamen zum Beispiel nach Hause, konnten jedoch nur eine Nacht bleiben. Die Frau oder Freundin aber war zum Nachtdienst eingeteilt. Was tun? Da kamen sie mit Tränen in den Augen, totenblaß: »Kannst du mir helfen?«

Da wurde man natürlich ›weich‹ und tat etwas, was ebenso natürlich streng verboten und im schlimmsten Fall zu einer Verurteilung wegen Wehrkraftzersetzung geführt hätte – und die wurde prinzipiell durch die Todesstrafe geahndet.

Das alles bedachte ich überhaupt nicht, sondern sagte gänzlich unheldenhaft: »Bleib nur zu Hause, du wirst als anwesend geführt.« Und irgend jemand rief dann beim Appell, bei dem die Namen der diensthabenden Frauen verlesen werden mußten: »Hier!«, und niemand plauderte etwas aus.

Das ging also regelmäßig gut, und erst, als der ganze Spuk vorbei war, kam so etwas auf wie ein Reiter-über-dem-Bodensee-Gefühl. Vielleicht war es Zufall, vielleicht Glück, daß unter den Helferinnen keine einzige war, die politisch sonderlich interessiert war noch so wirkte, als sei sie ein treues Gefolgswesen des ›Führers‹.

Eine andere gestand, daß sie nicht ihren ›Ariernachweis‹ für eine vorgesehene Beförderung beibringen könne – da gab es eine jüdische Großmutter –, und wir fanden einen Ausrededreh, um die Beförderung zu verhindern. Wie dieser Winkelzug aussah, habe ich leider vergessen.

Noch einmal, ich möchte nicht mißverstanden werden. Ich will diese spürbare Solidarität der Frauen untereinander nicht im Nachhinein verklären, aber es war doch ein Gefühl, ›Wir sitzen in einem Boot, und wir haben die gleichen Sorgen‹, das, zusammen mit dem Bewußtsein, daß man etwas für die zunehmend von Vernichtung bedrohte Zivilbevölkerung tat, den Alltag etwas erträglicher machte.

Als 1941, nach dem Eintritt Rußlands in den Krieg, die Lage immer hoffnungsloser wurde, wurde ich unruhig, was meine Zukunft anging. Wie lange noch? Ein verständnisvoller Kompaniechef, dem anzumerken war, daß er nicht zu den zu fürchtenden Nazis gehörte, erlaubte mir eine Immatrikulation *neben* dem Dienst, die auch gelang. Wir waren ein Häuflein Studenten, ein paar Frauen und ein paar Schwerversehrte, ehemalige Frontsoldaten, denen aufgrund ihrer Verwundung das Militär fortan erspart blieb. Natürlich war das eine zusätzliche Belastung; ein Dozent hatte die Gepflogenheit, seine Vorlesung morgens um 7 Uhr zu beginnen – wohl, weil er nicht gern durch den Fliegeralarm unterbrochen werden wollte. (Diese Tageszeit war im allgemeinen relativ sicher gegenüber den immer häufiger und gefährlicher sich entwickelnden plötzlichen Unterbrechungen dessen, was man gerade tat.) Ich weiß noch, wie ich einmal vor Übermüdung mit dem Kopf hörbar auf das Hörsaalpult, das an jedem Platz angebracht war, knallte, aber meine Luftwaffenuniform schützte mich vor einer Rüge, denn damals ›sprang‹ ein Professor mit Studenten (auch weiblichen) sehr autoritär bis barsch um.

Übrigens Studentinnen: Unter den Dozenten, bei denen ich Vorlesungen hören mußte, befand sich ein Psychiater, der als unabkömmlich galt (›u. k. gestellt‹, hieß das damals), also seine Tätigkeit als Chefarzt einer großen Nervenklinik weiter ausüben konnte. Er trug das Parteiabzeichen selbst am Arztkittel und führte entsprechende großspurige Reden. Ein Österreicher, an dem das einzig sympathische sein Dialekt war, ansonsten war er fett (natürlich, in der Klinik wurde er besser gefüttert, als es für Otto Normalverbraucher möglich war), häßlich, und er wirkte überdies spürbar lüstern.

Er kam einmal in der Woche zur Vorlesung und brauchte dann jemanden, der die mitgebrachten Diapositive vorführte. Diese ›Ehre‹ wurde mir zuteil, und es gab keinerlei Grund, sich dem zu entziehen, um so weniger, als es damals noch Testate im Studienbuch gab, die den Nachweis regelmäßig besuchter Vorlesungen darstellten, und die wiederum waren unerläßliche Vorbedingung für das Ablegen von Prüfungen. Die Macht der Hochschullehrer war groß und damals ungebrochen.

Eines Nachmittags, als er erschien (ungewöhnlich früh) und ich gerade den Behälter mit dem Projektionsapparat bereitgestellt hatte, startete er völlig unvermittelt eine heftige körperliche Attacke in selbst für mich vollkommen unerfahrenes Wesen (bis auf ein paar Studentenküsse) eindeutig interpretierbarer sexueller Erregung. Er jagte mich durch die ganze menschenleere Etage und ließ erst von mir ab, als jemand ein Nebenzimmer betrat. Ich war ihm zwar davongerannt, werde aber nie das Gefühl vergessen, das mich als eine intensive Mischung aus Angst und Ekel erfüllte, und nicht die Brutalität seiner körperlichen Annäherung, die es erzeugt hatte. In der kurz danach beginnenden Vorlesung war er dann wieder ganz der sich souverän gebende Dozent, dem ich am liebsten durch den Hörsaal zugeschrien hätte: »Sie Schwein!«

Daß das nichts helfen würde, war mir klar. Aber meine Wut bohrte weiter. Und eines Tages hatte ich eine Idee, wie ich ihn büßen lassen könnte. Ich würde ihn ganz einfach erpressen.

Man sieht: Druck erzeugt Gegendruck, und ich hatte ja bereits durch viele beklemmende Situationen gelernt, nicht immer unbedingt bei der Wahrheit bleiben zu müssen. Der Krieg schritt voran. Daß wir ihn nicht gewinnen konnten, war völlig klar. Meine Familie hatte den berühmten Endsieg, von dem alle für ihn Verantwortlichen so unverantwortlich ständig faselten, von Anbeginn an für ausgeschlossen gehalten. Aber wie lange würden wir noch in einer unabwendbaren Agonie aushalten müssen?

Der Beinahevergewaltiger wurde einmal zur Vorlesung von seiner Ehefrau begleitet, einer Wasserstoffblondine mit einer scharfen, unangenehmen Hakennase und schmalen Lippen. Sie musterte die weiblichen Hörer eingehend, ihr

Blick war kalt. Irgendwie spürte ich trotz meiner geringen Menschenkenntnis, daß er vor dieser Frau kuschte und sorgfältig bemüht war, sein schwieriges Privatleben zu verbergen. (Inzwischen hatte ich munkeln gehört, daß er sich für seine versuchten Übergriffe gegenüber Schwestern und sonstigem weiblichen Personal einen soliden schlechten Ruf zugezogen hatte.) Auch glaubte ich zu bemerken, daß er mich mit einigermaßen besorgten Blicken bedachte.

Er hielt gelegentlich Sprechstunden für seine Hörer ab. Ich nahm mein Herz in beide Hände und marschierte zu ihm hinein, sicher, daß er diesmal keinen Übergriff wagen würde. Es konnte jederzeit an der Tür klopfen. Ich sagte ihm, was ich wollte: ein Attest, das mir eine hochgradig nervöse Erschöpfung bescheinigte und als Grundlage für eine truppenärztliche Verfügung dienen sollte, mich endgültig aus der Wehrmacht zu entlassen. Auch bei diesem Erpressungsakt habe ich nicht bedacht, daß er ja selbstherrlich den Spieß umdrehen und mich hätte bezichtigen können, ihn zu einer strafwürdigen Handlung, nämlich der Ausstellung eines falschen Zeugnisses, zu verleiten, das im Endeffekt auch wiederum dem Delikt der Wehrkraftzersetzung zuzuordnen gewesen wäre. Ich war einfach gefühlssicher: Dazu ist er zu feige. Er wurde zunächst blaß, faßte sich dann aber schnell und schnarrte, mit anzüglichem Blick auf meinen (superbraven) Ausschnitt: »Das setzt aber voraus, daß ich Sie sehr gründlich untersuche!«

Ich unterdrückte die einzig passende Antwort (»Schwein!«) und konterte todesmutig: »Genau das werden Sie nicht tun.«

Er sah mich völlig konsterniert an und wurde noch etliche Schattierungen blasser, als ich fortfuhr: »Vielleicht interessiert sich ja auch der Dekan für das Verhalten eines Lehrbeauftragten gegenüber arglosen Studentinnen.« Er schwieg, zog seinen Rezeptblock heraus und stellte ein handschriftliches Attest aus, unter das er (wie ihm anzumerken war) zähneknirschend seine Unterschrift setzte. Er warf es mir förmlich hin, und ich verließ das Zimmer. Wenn es damals schon üblich gewesen wäre zu sagen: »Einen schönen Tag noch!« – ich hätte es nicht unterdrücken können. Ich hatte, was ich wollte, und der zuständige Truppenarzt (im Zivilberuf Augenarzt) bestätigte problemlos, ohne auch nur einen Versuch der Nachprüfung zu machen, die Diagnose des höherrangigen Kollegen (Chefarzt). Ich war frei.

Wenig später kündigte er seinen Lehrauftrag auf, er habe zuviel in seiner Klinik zu tun. Ein anderer, sehr korrekter, stiller Mann wurde sein Nachfolger. Bei ihm konnte ich die vorgeschriebene Prüfung sachlich einwandfrei absolvieren. Bei ihm war ich mir sicher, er würde nicht den Versuch machen, mich ›reinzulegen‹, wie man das bekanntlich mit jedem noch so gut vorbereiteten Prüfling tun kann.

Warum ich das überhaupt erzähle? Nun, weil es eine glatte Erpressung war, aus einfühlbarer Rache, aber immerhin war das nicht die ›feine englische Art‹.

Aber das lag ganz auf der Linie, die man hundertfach für sich gezogen und akzeptiert hatte. Drücke dich, wo du kannst, halte dich heraus aus dem wahnwitzigen Geschehen, zeig einem widerlichen Nazi die Krallen und rette die eigene Haut. Unwahrheit gegen Unwahrheit und Ausbeutung. Auf meine Art war ich also auch zu einem Deserteur geworden, und als mir ein ebenso widerlicher Pharmaziestudent in SA-Uniform (wieso der nicht im Krieg war, blieb verborgen) einen Anschnauzer verpaßte, warum mein Name im Verzeichnis der AnSt (Arbeitsgemeinschaft nationalsozialistischer Studentinnen) fehlte, konnte ich im Gefühl meiner Selbsthilfekompetenz kühl antworten: »Ja, ja, das hole ich bei Gelegenheit nach!«, und auch er ließ von mir ab.

Ein Letztes noch. Man half sich untereinander, wenn man einen Gleichgesinnten entdeckte. Ein Professor, der als gefährlicher Nazi und potentieller Denunziant galt, erzählte einigen von uns in echter, fast geifernder Empörung, daß ein anderer Kollege ihm einen unverschämten Witz erzählt habe. (Als wir ihn hörten, mußten wir uns energisch das Lachen verkneifen, denn er war wirklich treffend.) »Die Amerikaner haben gestern über Berlin statt Bomben Heubündel abgeworfen – für die paar Rindviecher, die noch an den Endsieg glauben.« Und er fügte ingrimmig hinzu: »Eigentlich müßte man das anzeigen.« Da klingelten alle Alarmglocken. Ich bin hingegangen zu jenem Professor, einem würdigen, sensiblen älteren Herrn, und warnte ihn, er möge sich irgend etwas einfallen lassen, um diesen schlimmen Fauxpas auszubügeln. Er erschrak prompt zu Tode. Ich habe nie erfahren, wie er das Problem wirklich gelöst hat; jedenfalls sagte der Naziprofessor später im Seminar zu uns, der Kollege habe ihn lediglich wissen lassen wollen, was es doch für schlimme Menschen gäbe, die am Führer zweifelten, und empfahl uns (als hätten wir uns von ihm dazu motivieren lassen!), von einer Anzeige abzusehen.

Das große, ungeheuer erleichternde dankbare Gefühl: jetzt ist alles vorbei, jetzt wird sich die Demokratie entwickeln, jetzt brauchen wir weder für unsere wirkliche Meinung noch im Bombenhagel zu sterben, ließ dann zum Glück nicht mehr lange auf sich warten.

Rückblickend erscheint mir diese Zeit, von den wenigen privaten Glücksmomenten abgesehen, irgendwie unwirklich. Man war zuletzt nur noch mit Überlebensstrategien beschäftigt, die die Existenz auf ein Minimum an Bedürfnissen reduzierte.

Sind mir Spuren, sind mir Verhaltensweisen, Prägungen aus dieser Zeit geblieben? Ich denke, ja. Man war unweigerlich einem Lernprozeß ausgesetzt. Man lernte mit unpersönlicher, unverfänglicher, eingeschränkter Kommunikationstechnik nicht gerade ein ›Pokerface‹ zu machen, aber sich auch nicht spontan zu öffnen, man lernte, unverbindliche Höflichkeit oder Distanz zu produzieren, ohne daß man preisgab, was einen wirklich bewegte.

Nun ist aus diesen Erfahrungen nicht so etwas wie eine durchgängige Haltung, die unrevidierbar wäre, zurückgeblieben. Aber für mein Selbstverständnis ist folgendes bedeutsam: Ich erlebe immer wieder, daß viele Menschen, für meinen Geschmack zu viele, ganz offensichtlich denken, daß ich sie mag bzw. mindestens vorbehaltlos toleriere. Dem ist nicht so: viele sind mir eher gleichgültig, d. h. als Individuen. Ich respektiere sie lediglich als selbstverständlichen Anspruch auf Beachtung erheben dürfende Vertreter der Species homo sapiens – mehr ist das wirklich nicht – und bin dann eher bestürzt, wenn ich feststellen muß, der oder die *mag* mich, obwohl ich das wirklich nicht erwidern kann. Mir bleiben zwei Interpretationsmöglichkeiten dieses Phänomens. Entweder ich habe eine so freundliche Fassade, daß man sich über das Ausmaß meiner Sympathie täuscht, oder die anderen projizieren ihre Bedürfnisse nach Zuwendung auf mich und sind insofern mitbeteiligt, als sie einen potentiellen ›Aufhänger‹ für empathieheischende Bedürfnisse überinterpretieren. Wahrscheinlich eine Mischung von beiden, da diese Interaktion auf gegenseitig ausgesendeten Signalen beruht. Die Eigenreflexion bleibt (und bleibt beunruhigend): Bietest du den Leuten falsche Signale an, oder nehmen sie dieselben falsch wahr?

Möglicherweise (ich kann das nicht endgültig verbindlich entscheiden) versuche ich auch nur, niemanden zu verletzen, noch zu provozieren (aus alten Vorsichtsmechanismen heraus), was bei den anderen aus mangelnder Kenntnis meiner lebensgeschichtlichen Situation heraus nicht ankommen kann. Letztendlich weiß ich das nicht, es bleibt bei der Differenz zwischen meinen Kommunikationsbedürfnissen, die sich nicht auf spontane Öffnung gründen, meinem Verhaltensstil zwischen Vorsicht und Dezenz und den Bedürfnissen der Kommunikationspartner, dergleichen als Freundlichkeit und (maximales Mißverständnis) Güte zu deuten.

Ich mag diese Bewußtseinslage nicht. Auf einen kurzen, vereinfachenden Nenner gebracht: die/der mag mich, die/der ist mir eigentlich ziemlich gleichgültig. Ich bin nicht der Meinung, das sei eine Lebenslüge, denn dazu müßte gehören, daß ich dieses, mein Verhalten, oder meine Einstellung zu Kommunikationspartnern goutiere. Ich bin ehr geneigt, darunter zu leiden bzw. mich selbst als aufrichtig zu etikettieren, was wahrscheinlich auch wiederum zu scharf formuliert ist. Kurzum, das Gemocht-Werden aufgrund mir selbst suspekter Kommunikationstechniken, wenn ich das einmal so kalt ausdrücken soll, ist mir zutiefst unangenehm. Aber ich habe auch nicht den Mut (der ja auch sehr verletzend wirken würde) schlichtweg zu sagen – was die Wahrheit wäre –, du magst mich vielleicht, ich dich umgekehrt nur sehr begrenzt oder eher nicht.

Führe ich das alles zu recht auf die Prägung durch schwierige, existenziell bedrohliche Zeiten zurück? Ich weiß es nicht, aber Zusammenhänge gibt es, dessen bin ich mir sicher. Denn warum sollte ich meine wahren Gefühle eher wenig sympathischen Leuten gegenüber so ›rüberbringen‹, wie man heute sagt, daß sie ins eindeutig Positive (per Projektion, oder bin ich so mehrdeutig?) einmünden? Ich rechne mir das nicht als Charakterfehler, als ›Falschheit‹ oder sonst etwas Negatives an, sondern als nachvollziehbare, wenngleich nicht entschuldbare, menschliche Schwäche. Entschuldbar oder nicht –, darum scheint es mir nicht in erster Linie zu gehen, nicht um die Frage: Hab ich an meiner Seele Schaden davongetragen oder nicht? Ich frage mich nur: Woher kommt das?

Ja, das war ein bedeutsamer Teil meines Lebens, den ich nicht wegwischen kann. Ich muß, so unreif und im Sinne des Gesetzes unverantwortlich ich damals war, irgendwie dazu stehen. Wahr wäre es gewesen, zu seinen Aversionen und Haßobjekten zu stehen. Das Leben hätte es vielleicht gekostet, das Leben aber wollte man nicht riskieren.

Nun will ich nicht behaupten, daß diese Art von Vergangenheit mich sonderlich drückt. Nein, ich kann, ich will und muß damit leben. Wir waren keine Kämpfer, wir waren, wenn das heutige Geschichtsbewußtsein uns einordnen muß, eher ›Drückeberger‹ im zweifachen Sinne: im Sinne des Regimes und im Sinne des (heldenhaften) Widerstands. Es gibt nicht den geringsten Anlaß, unsere Kategorie, die eher Verweigerer als Mitläufer waren (und in sehr schwachen Momenten eher das letztere) aufzuwerten. Das ist auch nicht der Sinn meiner sehr subjektiven Mitteilungen, die paradigmatisch nur für eine bestimmte Kategorie von Menschen sein kann.

Unsere Gewährsperson beschönigt nichts. Sie zeigt, wie problematisch es zwangsläufig in einer Diktatur ist, ein ungebrochenes Verhältnis zur Wahrheit zu entwickeln und zu bewahren. Sie hat gelernt, daß das Verschweigen der eigentlichen Meinung zur Gewohnheit werden kann, daß man gelernte Verhaltensmuster eher beibehält, als daß es leicht fiele, sie abzuschütteln, und daß möglicherweise auch die Bereitschaft, um etwas oder für jemanden zu kämpfen, auf der Strecke bleibt.

Wir haben sie befragt, was sie von der unabdingbaren Ehrlichkeit zwischen Partnern hält. Sie ist dagegen. Sie glaubt, daß man ein bestimmtes Maß an innerer Distanz einhalten sollte, das nach ihren Begriffen einfach ›menschlicher‹ und rücksichtsvoller als alles andere sei.

Wer in der Unfreiheit lebt und überleben will, wird gezwungen, sich zu arrangieren. Ethische Rigorosität erfordert in der Tat Heldenmut. Der Durchschnittsmensch bringt ihn nicht auf. Er bewegt sich im Rahmen des Zumutbaren. Zivilcourage hat in der Erkenntnis des eigenen sicheren, nicht nur potentiellen Untergangs ihre Grenze.

Lügen haben viele Beine. Das Sprichwort allerdings – wie so viele Volksweisheiten mit einem indirekten moralischen Appell verbunden –, heißt: Lügen haben kurze Beine. Im Klartext: Laß das Lügen, du kommst damit nicht weiter, die Lüge stolpert auf ihren kurzen Beinen, sie erreicht das gewünschte Ziel, die Welt zu täuschen, nicht.

Schön, wenn dem so wäre. Aber die Realität sieht anders aus: leider oder zum Glück?

Wie jedes Kommunikationsinstrument ist die Lüge vielschichtig. Sie ist manchmal zählebig, sie hat kräftige lange Beine, die sie durch weite Zeiträume tragen. Sie hält sich hartnäckig, wenn sie nur lange genug überliefert wird.

Was bleibt für den Einzelnen? Die immerwährende Auseinandersetzung mit ihr: die Realitätsprüfung, die Wertorientierung, die persönliche Bewährung im Gestrüpp der Täuschungen und Vortäuschungen, die Fähigkeit oder Unfähigkeit, mit der Wahrheit, die ihr Gesicht verbirgt oder die sich vor uns verhüllt, umzugehen. Kann man den Lügen ihre vielen Beine lähmen? Eine Frage, auf die ich keine Antwort wage. Ich habe sie nur gestellt.